人生兩好球三壞球

翻轉機會／命運，做自己的英雄

國家圖書館出版品預行編目資料

人生兩好球三壞球：翻轉機會／命運，做自己的英雄
／林繼生著.－－初版一刷.－－臺北市：三民，2019
面；　公分.－－(覓Me課)

ISBN 978-957-14-6605-7　(平裝)

1. 自我肯定 2. 自我實現

177.2　　　　108003739

© 人生兩好球三壞球
——翻轉機會／命運，做自己的英雄

著作人	林繼生
責任編輯	周明怡
美術設計	陳奕臻
發行人	劉振強
發行所	三民書局股份有限公司 地址　臺北市復興北路386號 電話　(02)25006600 郵撥帳號　0009998-5
門市部	(復北店) 臺北市復興北路386號 (重南店) 臺北市重慶南路一段61號
出版日期	初版一刷　2019年5月
編號	S 541430

行政院新聞局登記證局版臺業字第〇二〇〇號

ISBN 978-957-14-6605-7　(平裝)

http://www.sanmin.com.tw　三民網路書店

推薦序　三十年來文學夢

徐國能

接到林繼生校長的電話，說今年是「青年世紀文學獎」第三十屆了，一定要邀我去當評審。原來距離我的第一個文學大獎，竟然三十年了。

一九八九年是神奇的一年，我正處於寂寞的十七歲，又矮又瘦的身材，戴個大近視眼鏡，成績一蹋糊塗，文不能文，武不能武，在辭修高中住校的生活中，天天期待星期六，一面擔心自己不及格科目太多會被留級，一面又期待若真被留級不如轉學，這樣就可以逃離這個管理嚴格的苦悶世界了。我害怕數學，因為實在聽不懂；擔心英文，因為什麼單字片語背了就忘；國文課其實也乏味，都是一些祭文弔文，很多生難的字詞要考要記。總之，就是覺得自己一無是處，辜負了父母，也不知自己該何去何從。

在這人生絕望的時候，竟然在每個月發的《青年世紀》上看到了「第一屆青年世紀文學獎」的徵文消息。這是一本救國團辦的學生刊物，薄薄一小冊，大概十塊錢左右，上面有些作家的文章，也刊登同學的投稿，上課無聊時偷偷翻一下，看看同齡的人在想些什麼，十分有趣。尤其是那些女生的詩文，真是讓我們這些只知道抱一顆籃球去占場的男生大開眼界。

雖然沒讀過多少真正的文學作品，但我也在筆記本上寫了些不成格套的詩文，雖然作文分數不高，但我總幻想著那是老師看不出我文章的好。現在有個對全縣學生徵文的比賽，讓我躍躍欲試。我不知道哪來的靈感，寫一個老戰士的一生，從少年時的遠大抱負，到老年時的寂寞與追憶，竟然還真的讓我得了第一名。而那一刻，幾乎就決定了我的人生——一輩子與文字為伍，為文學奉獻自己的一切。

一九八九年，年紀與我相近的張德培獲得了法國公開賽冠軍；中國大陸發生了六四天安門事件；英國王子和黛安娜王妃來到香港；柏林圍牆開始倒塌。世界的劇變中，我不知不覺踏上了寫作的旅途，一走便是三十年。

三十年前的臺灣，資源有限，社會瀰漫重實用、輕文化的風氣，如今回首這段歲月，當年若沒有林繼生校長這樣的人物，願意將心血及資源投注在文學創作上，持續辦刊物、辦文學獎，我不知道像我這個一無是處的高中生，會不會永遠迷失自我？而林校長這份對文藝的執著、對年輕人心靈的惜護，竟然也一直堅持了三十年，無論他在什麼崗位，都不懈地為青年默默奉獻，一路行來罕有掌聲，只有風風雨雨，但他這可貴的信念沒有絲毫剝損，仍然堅定以文學引領青年前行。

這幾天拜讀林校長的大作《人生兩好球三壞球》，我也才明白他的苦心。

林校長雖然在學校裡負責行政工作，但他真正的教育事業，可能在於用文化來提振學子的心胸氣度，用文學來陶治青年的修養品行。學校裡教的英數理化等，也許是提供升學、就業的基本能力；但文化、文學裡的生命啟示和藝術境界，卻提升了我們平凡的人生，讓我們對自我、對世界、對生命有另一種層次的體悟與尊重，於此確立人生的價值。我認為這才是真正的教育，燈下翻讀書中的篇章，不知不覺被深入淺出的故事所吸引。林校長的文筆極佳，從容溫暖，不疾不徐，一如他慈藹的作風，總能帶來親切有味的智慧。

林校長是一位讓人感動的教育家，完成了許多令人尊敬的大事業，如今又以一本風趣而智慧的書為人間帶來新的啟發。這本書勾起了我許多青春的回憶，盡識愁滋味的我想起了當年強說愁的詩句，感嘆文學包容了我，也讓我懂得包容世界，十七歲的我，難道不是人生的兩好三壞時刻嗎？我幸運地因為文學創作而安全上壘，希望和我當年一樣迷茫的學子，也能從這本書中得到智慧，最後快樂地跑回本壘得分。

我這三十年來的文學夢始於林校長的小刊物，如今能在他的新書裡寫出我的感懷，世間的歲月太過匆匆，而文學的緣分何等奇妙。但願當年啟發了我的文學獎能持續不輟，讓追夢的青年恆有仰望的標竿；更盼林校長的好書能一本接一本，讓這些動人的故事照耀人間。

推薦序　非典型校長

褚士瑩

當我在閱讀林繼生校長寫的《人生兩好球三壞球》時，我忍不住想到寫《疼痛，才叫青春》的首爾大學教授金蘭都（Kim Rando），但兩個人之間又有著明顯的區別。被學生選為「首爾大學最優秀教師」的金教授，受到法律訓練，在生活科學消費者學系任教，他在乎生命的對價關係，強調人要在世界上好好活著，就是要學會如何拿生命在跟世界做一筆划算的交易，強調的是「價值」。

但是臺灣的高中校長林繼生，學習的是語文，熱愛的是哲學跟電影，他強調的是生命的「本質」，字裡行間期許著年輕人雖然不得不生活在一個充滿標準答案的升學主義下，但是要學會像哲學家那樣思考，才能找到使用人生的方法。

比如他在〈一二三，不是木頭人〉裡面，提到所謂的「不當木頭人」，並不代表人的情感應該豐沛到氾濫，而是要「有感」，而這個訓練自己從麻木到有感的過程，使用的就是哲學思辨重要的第一步——「觀察」（observation）。

在〈你就是自己的英雄〉這一篇，則是用「英雄」這個角色，來練習哲學中的「概念化」（conceptualization），從生活事件中淬鍊抽象能力，一旦知道如何找到事物的本質，就不會迷失。

至於用聶隱娘的故事來起頭的〈堅持做自己〉這一篇，說的其實就是尼采（Friedrich W. Nietzsche）的「永恆回歸」（eternal return）。很多人用中文把尼采在《權力意志》（*Der Wille zur Macht*）裡寫的「永恆回歸」理解成「永劫輪迴」，甚至說這是「虛無主義」的最極端形式，只要心靈上能超脫到永劫輪迴下的虛無主義，就能成為「超人」，這種說法聽起來好像很厲害，但是根本無法用常識來理解。

但我更同意我的法國哲學老師奧斯卡伯尼菲（Oscar Brenifier）的說法，尼采說的其實是生命的熱情，比如說一個人如何知道找到生命的追求，就是判斷這件事自己不但願意做一輩子，甚至下輩子，下下輩子都願意一直做下去，那才是真正的熱情。因為時間是環形的，如果物質有限而時間無限，一切事物也會無限重覆，宇宙會再來一次，生命會再來一次，所有事物也會再來一次。因此一個「超人」，就是找到一件能夠生生世世做下去的事情、且充滿熱情的人，而不只是把生命拿來做該做，或是不得不做的事。

至於〈門開著，就不是房間了〉這一篇裡，就是從一個教育者的觀點，提醒年輕人認識沒有標準答案的「開放性思考」，在這個每個試題都有標準答案的世界的重要性，我們當中，很多人可能是即使鳥籠打開柵欄，也不願意飛出鳥籠奔向自由的鳥，但是當鳥籠的門打開了，鳥籠還是鳥籠嗎？當我們用思考打開門的房間，這個門開著的房間，本質還是房間嗎？

當然，林繼生校長雖然說的是哲學，從頭到尾卻幾乎沒有提到「哲學」這兩個讓人聽了就膽戰心驚的字，而是用讓人容易親近的電影、文章與故事來說哲學，我喜歡這樣的方式，也明白為什麼他是一位受學生喜歡的校長。如果時光倒流，我想我會極為樂意到他的學校，學習當一個會思考的高中生。

推薦序　我貴人的三種身分

顏艾琳

十三歲的夏天，我國小畢業等著上國中，拿到救國團臺北縣學生刊物《青年世紀》，第一次發現有自訂題目投稿，還有稿費，這對一向參與命題作文的我來說，是非常新鮮的事。三個月後，我的第一首新詩跟小品文先後刊登在《青年世紀》，也開始了我的作家之路。這是我在創作上遇到的第一個貴人，主編林繼生老師。

升高二的暑假，學校以公費派我參加救國團北區七縣市文藝營，在簽到時，被營隊一位年輕老師叫住，「顏艾琳，是以前讀板橋中山國中，現就讀海山高工嗎？」那時已投稿《青年世紀》三、四年了，沒想到主編記住了我的名字，初相認後，才知當時的林主編同時也是新泰國中的老師。他以主編身分，指派我跟板橋高中校刊社的一位男同學，記錄當屆來營隊講課的向明、瘂弦、羅門、無名氏、張曉風等的講稿與內容確認。於是在十六歲之際，我與瘂弦等詩人也就有了往來，更因此在詩作、散文之外，學習到報導與編採書寫，後來以在校刊跟《青年世紀》的發表作品，徵選上聯合文學首屆文藝營，開啟了我對文藝與傳媒工作之門。這是影響我踏上編輯職場的貴人，教育家林繼生老師。

而林繼生第三個身分，我認為是作家，也是最晚認識的一個身分。作為三十多年的刊物主編、國中老師到中學校長等職，林老師一定寫過許多文章。但遲至看到這本書稿，我才知道在兩個身分之外，他透過書寫表達對臺灣大環境的擔憂，在電腦前靜心，把在俗世人間受到的百般滋味，都化為抒懷寄託。作家林繼生的文字，不僅對我有所感動，也是對陷於校園體制裡的師生，一種同理心的撫慰。所以他更是本書讀者的貴人。

這本跨度十幾年的散文，林繼生老師引用古人詩文，穿插在行文中，藉古人之際遇，歎今世之波折，我能讀出他的憂慮、隱忍不說的心事。但更多主題文章，正如他數十年來的三種身分：編輯人、教育家、作家所負擔的三種關懷。我更相信，曾經接觸或與之共事的人，不知多少人都受到林老師的照顧提攜。我的貴人林繼生，以一人付出三種氣力與責任，實是此生際遇少見的貴重之人。

代序　把握人生的每個關鍵時刻

林繼生

人生像一條幽幽長河，不捨晝夜，盈科後進地流向大江大海，其間迂迴曲折，總有許多改變水流方向與速度的關鍵，而每一個關鍵又默默影響未來。

看棒球的人都知道兩好球、三壞球時，下一球是重要關鍵；若是已兩出局，更是關鍵中的關鍵，下一球不管是暴投、三振、保送、安打以上，都影響戰局，甚至直接宣判球賽結束；但棒球一局接一局，一場接一場，還有重來機會；人生卻只是一步、一步往前走的單行道，沒有太多倒退重來的可能。

回首向來蕭瑟處

這是我比較「正式」出版的第四本書，所謂「正式」是指扣除一些有時間性或題材限制與升學參考書、講義等之外的。

本來希望在六十歲之前出版，作為給自己「花甲」、「耳順」的禮物與紀念，但是蹉跎了（教育總是老了文青）。

不過最後能出版，總是慶幸與感激的。

人都是被逼出來的，許多人，包括馬雲，都這樣說。其實不只人的潛力是被逼出來的，創作也是，所謂「逼」稿成篇。日本文藝評論家廚川白村說「文學是苦悶的象徵」，韓愈也說「物不得其平則鳴」。寫作，不是我的本業與志向，相反地，我覺得寫作是一種「苦」，捻斷幾根鬚或白首搔更短都不是好現象，因此佩服那些所謂的「作家」。

對「寫」東西，我其實有點「懶」，如果不是有人約稿，或者學校刊物需要，我是不會主動寫稿的。還有，我必須承認，骨子裡還殘存不少感性因子，對某些事還很「敏感」，體內仍有一些苟延殘喘的「藝文」細胞，喜歡古典音樂，喜歡「追」得獎的電影，對日常發生的事情或人際關係，我會比別人多一些想法，也有不一樣的視角，更會察覺幽微隱晦，加上每個階段處遇遭逢不同，心情隨之抑揚頓挫，一切因緣湊泊，終有這些作品。

這本書裡面的作品，除了一、兩篇寫於服務武陵高中階段或者更早，但都經過補充或改寫，其他的多是我離開武陵之後的作品與心情。

二〇一四年八月，我離開服務屆滿兩任八年的武陵高中，同時選擇自服務三十四年的公立學校退休，到桃園一所位於高速公路附近的私立大學服務。

第一年，工作還算順利愉快，但後來的半年，因為內部人事傾軋，心情開始鬱悶糾結，大有龍困淺灘，有志難伸之慨。就在此時，《青春共和國》雜誌創刊向我邀稿，要我寫一些跟閱讀或人生經歷相關的文章跟年輕人分享，於是結合編輯的要求及個人當下心境，第一篇〈人生何能「定風波」〉發表了，接著第二篇、第三篇……，每個月一篇寫下去。內容除了針對時下與青少年有關的議題或流行，上窮碧下落黃泉，援引一些電影、運動或生活中的例子，以增加說服力之外，其實每篇文章都暗藏當時心情的寫照，多的是感懷借喻。後來《青春共和國》轉型，也改為網路發行，即使後來不在《青》寫稿了，但寫作的樣態與內容卻固定下來。

二〇一六年二月，我轉到另一所非常受家長青睞的私立高中協助校務，不一樣的環境與工作，不一樣的日子，自是不一樣的心境，難得的雲淡風輕與沉潛了一段時間，此時寫作內容以透視命運／機會對人的影響與人生抉擇的兩難，還有如何檢視自己、居易以俟命，做好準備為主，當中〈人生最美是相遇〉、〈人生難得是相知〉二文乃對緣分的奇妙與個人遭逢有感而發。

這三年因處遇不同，心境有異，如果按圖索驥，每段時間的心情就一覽無遺而無所遁形了，至於某篇對應什麼時候與心情，在此不能贅述，就留與識津者了。

二〇一七年七月，因長官推介，我離開服務的私校，接任六和高中校長，接任以來，校務倥傯，我還無暇記錄這段時間以來心情種種，就留待下個偶然與「逼稿成篇」了！

本來寫稿是為了「勉勵」莘莘學子，但經過一些工作環境的轉徙與心情的起伏跌宕，霍然發現自勉更多，或許該感謝這些文字伴我「療癒」吧！

放下，也無風雨，也無晴

人生有如一部煞不住的「失速列車」，在短短幾個秋中，逐漸看淡（永遠無法看慣）太多的無常與無奈，有時不免慨嘆：「人生仇恨何能免，銷魂獨我情何限？」但我更記得，以前父母雙雙住進林口長庚，與死神拔河時，在急診室看到的一句話：「人生不如意十常八九，但看那十分之一二。」人生不可能盡如人意，挫折、意外、無常，不但難免而且常有，人生的明天和下輩子不知誰先到？何況還有小人環伺；外在的一切多操之在人，趙孟之所貴，趙孟能賤之，唯有心境操之在己，就看你面對的態度。因此，與其奢求風平浪靜，不如學會輕舟安渡的技巧；與其企求天高氣爽，不如學會轉換心境，看淡一切，讓一切「雁過寒潭」。

《恆毅力》(*Grit*) 的作者達克沃斯 (Angela Duckworth) 說過：「成功的關鍵，不在天賦與智商，而是熱情和努力，是每個人不分年齡，都可以培養的能力。」她在書中以一個寓言為例：有人問三個泥水匠在做什麼？第一位說，我在砌磚頭；第二位說，我在蓋教堂；第三位說，我在建造上帝的家。三位泥水匠其實在做一樣的事情，但是他們的心態、成就感和熱情完全不一樣。另一個不知出處但很像的寓言則說：有三個工人在砌堵牆，有人走過來問：「你們在幹什麼？」第一個沒好氣地說：「沒看見嗎？在砌牆嘍！真辛苦的！」第二個抬頭笑了笑，說：「我們在蓋一棟高樓，只是現在剛從砌一堵牆開始，還有很長的工作。」第三個人則一邊工作一邊哼著歌曲，他的笑容很燦爛很開心：「我想，我們不停地砌磚，最終一定會建設好一個新城市。」十年後，第一個人繼續在另一個工地砌牆，仍當著一個普通工人；第二個人坐在寬大的辦公室，專注地畫圖，他成了工程師；第三個人，則是前兩個人的老闆。

這就是態度，而態度影響你的高度、寬度、深度、廣度與器度。當然，更影響你的成就，從青春，一直到老年，一直到一輩子。

人生短短幾個秋，青春就像一〇一的煙火，再長也就是那幾分鐘，尤其當眾聲喧譁時，時間消逝得更快，當青春落盡，你心底剩下什麼？

其實春天所在多有，不會竟日尋春不見春，因為春天就在你心頭，不必捨近求遠，春風吹面不寒，春雨潤物無聲，不以花開柳綠水長決定春天是否到臨，只要心境有春，春天隨時都在。春天就只是一種感覺，青春，就是一種心境而已。

讓青春從你心底出發。

王安石〈遊褒禪山記〉說：「入之愈深，其進愈難，而其見愈奇」，人生也是如此，很多挫折與考驗只是磨練的一種方式，跌倒了再爬起來，通過更難的考驗，才能見到最美麗的彩虹。

把握每個關鍵，你就是自己的英雄

人不是「木頭人」，而是具有各種感情的動物，所謂「聖人忘情，最下不及情，情之所鍾，正在我輩」。人之所以為人，正因為我們有「情」，並依著天時、地利，巧遇各種人事物，其中最美最浪漫最無壓力與計較的，就是少男／少女的純純之愛，此時你是青春的主角，為青春寫一篇文章，記錄青春心情，留待將來「話當年」也是應該的；當偶然的「雲」投影在某個「波心」上，那是多美的相遇，所謂「一期一會」，那是一輩子的唯一，其中有擦肩而過的，也有相知，甚至影響一輩子的，怎能不珍惜，怎能不慎重看待？當還有能力與機會時，不管「逢時」與否，快去尋夢，以熱情、毅力幫自己積學儲寶，然後打開自己的心門，好好審視／面試自己，讓人生不設限，奮力掙脫各種「魔咒」，勇敢做自己的聶隱娘，篤志而行，即使追求成長與成就的過程，難免小人環伺，加上歧路甚多，機會與命運的遊戲如影隨形，需要在兩好球三壞球之後做出艱難抉擇，而抉擇的影響卻何等深遠，但只要為自己設定願景，堅持到底，人生就會出現奇蹟，未來即使一時山重水複疑無路，也終有柳暗花明又一村的時候，即使失敗了也不用懼怕，因為更多第二次以上的人生，等你東山再起。

人生不只是為了享樂，而是不斷超越目標，實踐自我，試圖為自己寫下一個不斷追求進步以達卓越的神奇故事，同時讓更多的人活得更美好，這就是人生。

關鍵就在你的一念之間

棒球從「本壘」出發，最後又回到「本壘」，你可以「志在參加」，抱著好玩心情；但人生像棒球又不完全是，即使表面故做輕鬆，心裡卻必須嚴肅以對，許多機會稍縱即逝，把握每個關鍵時刻，你就是自己的英雄。

一個愛惡作劇的小孩手中捉著一隻蝴蝶問一位智者：「手中的蝴蝶是死？是活？」他想智者如果答是活的，他就把蝴蝶捏死；反之，智者若回答是死的，他就把蝴蝶放生，這樣的話，智者就會猜不中。沒想到智者笑了笑後竟回答：「蝴蝶不是生就是死，牠的生死就在你手中。」是啊！人生有各種可能，但其中關鍵不都在自己的掌握中嗎？

面對人生，不必躊躇，做好準備，人生總能「定風波」，你還在等什麼？

獻給曾對人生有過問號的青春與非青春

目次

3 期待全壘打

4 兩好球三壞球

1

站上本壘

一二三，不是木頭人

你我皆非「木頭人」

一二三，木頭人，小時候的遊戲，我們都玩過，但是現在我們不能再當「木頭人」。

新竹某高中校慶，學生變裝進場，本來這是一件很多學校都在做，而且可能是很有創意的事，但只因學生裝扮的對象是希特勒（Adolf Hitler），因而引起軒然大波，不但校長辭職下臺，學校也飽受批評，造成校園不安，更引起「國際」重視，政府當局甚至出面道歉，輿論一片譁然，學者更評論說「這不是無知，而是無感」。

這裡所謂的「無感」至少包含兩層意思，一者是沒有「同理心」，不知「將心比心」；一者是感覺不敏銳，是麻木不仁的「木頭人」，更是情感上的

「植物人」。

無感，看起來無所謂，但是人一旦麻木無感，心中就沒有別人，一切以我為尊，於是只要我喜歡，沒什麼不可以；心中沒有別人，就不懂得承擔，這就嚴重了。

有段時間網路或Line曾不斷競傳有關余秋雨的一段故事。話說余秋雨曾賃居德國，某天他不小心打破一個玻璃杯，他把碎玻璃和其他垃圾掃入垃圾袋裡，放在外面，後來房東來了，知道他處理碎玻璃的方式後，竟然不再租房子給余秋雨。理由很簡單，卻讓余秋雨敬佩與愧疚不已。不是那個被打破的玻璃杯多貴重，而是房東告訴他：「因為你心中沒有別人。」只見房東將裝好的垃圾倒出來，重新分類，把所有碎玻璃裝入一個垃圾袋，上面寫著：「裡面是玻璃碎片，危險！」然後再把其他垃圾裝入另一個垃圾袋，寫上：「安全」。這是一件小事，卻讓余秋雨念念不忘，這是一個「心中要有別人」的故事，一個從「感覺出發」，能「將心比心」的故事。

我辦學一直強調「四感」教育：感覺、感動、感恩、感化。因為一切的「因緣」都是從感覺開始。沒有感覺，因緣會斷；沒有感覺，感動無由發生；

沒有感覺，怎會感動？沒有感動，不知感動是因為美麗的人情事物，是別人為我們的付出，因此不會感恩。不知感恩，容易自大，以為一切都是自己的功勞，這種人將來即使有成，也不可能發揮一己之力去影響別人，以形成良善風氣，發揮「風行草偃」的效果。所以，一切從感覺開始，有感覺才會感動，能感動才知感恩，知道感恩才會發揮影響力，進而型塑社會正向的風氣。所謂「風俗之厚薄奚自乎？自乎一二人之心之所向而已」，依我看，自乎一顆有感的心罷了。

木頭人為何越來越多？

只是為何無感的「木頭人」越來越多？

是季節變化不明顯，無法觸動心裡那根弦嗎？

臺灣位處副熱帶，加上地球暖化，四季的確越來越不分明。沒有「山光照檻水繞廊，舞雩歸詠春風香」的春天，沒有「新竹壓簷桑四圍」、「晝長吟罷蟬鳴樹」的夏天，沒有「昨夜庭前葉有聲，籬豆花開蟋蟀鳴。不覺商意滿林薄，蕭然萬籟涵虛清」的秋天，更沒有「木落水盡千崖枯，高歌夜半雪壓廬」的冬天，但是四時更迭，陰晴圓缺，有時赤陽熾空，有時明月高懸，偶而來個獅子座流星雨，或在新舊曆年之交來個「霸王級寒流」，平地下雪霰，也都予人許多新鮮的刺激與感受，遑論春天趕著上山看杜鵑、賞杏花、覽櫻花，繽紛多彩，姹紫嫣紅的花花世界，在在令你流連；夏天則奔赴桐花構築的「五月雪」世界，迎接一路燒透半邊天的木棉，簡直是「冰與火」的世界異象同時併陳。等到秋天，一天的楓紅又讓你相思半天，國內追逐不夠，還可以跨海滿足「愛看楓林晚」的欲望；而冬天一到，有淡淡的「疏影橫斜」，有花姿豐盈，端莊高雅的山茶，有豔冠群芳的牡丹，難道你都「無感」？

如果這些太遠了，就在你生活的校園，也有常見的「努力長得高大正直／努力充滿陽光和愛／努力奉獻一生給孩子們——／國語、數學和夢想的心啊！／孩子也盼你努力記得」的〈黑板樹〉（徐國能），或者「是無聲的啼叫／我們企圖以繽紛的／色彩，占領整個／臺北多雨的／春天」的〈杜鵑花〉（吳永備）＊；再不然總看過教育部宣導反毒運動的代表花紫錐花——不管真

＊此詩為「聯副文學遊藝場．花草的詩語」優勝金榜作品。

花或圖案：「不愛向太陽獻殷勤／你只是優雅斂翅／把紫色霞光曖曖地收著／毫不自知／早已把心裸露了出來」（林德俊〈向下開花——給紫錐〉）。

如果這些你都無感，我再告訴你更多。榕樹爺爺，有事沒事都喜歡搖著他滿臉的鬚髯，長長的，像仲夏那麼長，讓你感覺日子好像過不完似的；還有讓人傻傻分不清楚的羊蹄甲與豔紫荊；還有一年四季像模特兒忙著換裝的「臺灣欒樹」（又稱燈籠樹、四色樹、臺灣金雨樹）；還有「金雨」，如果校園種幾棵「阿勃勒」，每年夏天你就能接受滿天「黃金雨」的灌頂了。

如果你還沒感覺，你真的是「木頭人」了。或許你有感，但是無心，如果你有心，你會發現菩提樹是夏天落葉的，夠特別了吧？難怪它長得很「禪」的樣子，《雜阿含經》說：「我見菩提樹，便見於如來。」多在菩提樹下「沉思」，你就會知道，菩提子並不長於菩提樹上，它是木患子樹的種子。校園內有幾棵大樹，高達四層樓，葉子很熟悉，定神一看，唉呀，竟是許多人常擺案頭，據說可以防小人的竹柏，它怎麼可以長這麼高大！此時你才恍然大悟，只要給生命足夠的空間，她／他／它／牠的成長就可以無限量。原來任何生命都需要空間，空間夠，發展就有無限可能；反之，一旦受限，可能的參天古木也只能虬結委屈在尺寸之間。

如果你對植物無感，那就運用一點想像力看看校園常見的動物吧！校園常有燕子、喜鵲、麻雀輕輕滑落，你可以視為「白鷗矯翼」或「沙鷗翔集」；生態池中的金魚或其他，可以看作「輕儵出水」、「錦鱗游泳」；至於豢養魚類的水池，可想像成「浩浩湯湯，橫無際涯」的江湖。否則麻雀是呱噪來源，金魚是困守一隅的蛟龍，至於那一灘水，就是滋生登革熱的地方而已。

如果對動植物都無感，那對天候呢？「霪雨霏霏，連月不開；陰風怒號，濁浪排空；日星隱耀，山嶽潛形；長煙一空，皓月千里，浮光躍金，靜影沉璧」，這些難道只是「仁人」先憂後樂的牢騷嗎？

讀歐陽修〈秋聲賦〉：「初淅瀝以蕭颯，忽奔騰而砰湃；如波濤夜驚，風雨驟至。其觸於物也，鏦鏦錚錚，金鐵皆鳴；又如赴敵之兵，銜枚疾走，不聞號令，但聞人馬之行聲」時，你不會異哉而悚然嗎？

有一天，車行國道一號高架道路，經過堤頂大道附近，忽然灰雲聚合，一時風雨晦瞑，山嶽潛行，城市隱沒，雨如決河傾九天，加上電閃雷織，雨龍忽隱忽現，極速劈下，彷彿電影中「龍捲風」的情景就要出現。對於氣象的震撼，你能無感嗎？

如果這些都無感，電影是大眾娛樂，你看到宮水三葉及立花瀧互換身體／靈魂，一起拯救居住的城市時，你沒有被這種「純愛」感動嗎（《你的名字》）？

當你看到原本是世界拳擊界輕重量級的閃亮新星布達克碰到經濟蕭條，為了生活不得不重出江湖作最後一擊時說的「無關榮耀與名利，只為牛奶和麵包」（《最後一擊》(*Cinderella Man*)），你不會唏噓現實生活，深刻體會「一錢逼死英雄漢」的窘境嗎？

和「校園變裝事件」一樣觸及第二次世界大戰的電影《辛德勒的名單》(*Schindler's List*)，講述了一個德國商人辛德勒拯救猶太人的故事。猶太人被大屠殺時期，辛德勒將他們召集到他的工廠幹活，以此幫他們避難。當主角說：「拯救一個人的性命，就是拯救整個世界」(Whoever saves one life saves the world entire)時，你無感嗎？

還有《美麗人生》(*La vitaèbella*)講述義大利一對猶太父子被送進納粹集中營，父親不忍年僅五歲的小孩在戰爭中受到驚恐，於是扯謊說他們正身處一個遊戲當中，必須接受集中營中的種種規矩以換得分數贏取最後大獎，最後父親被德軍亂槍打死，翌日美軍開著坦克抵達，孩子看著戰車，還真以為這就是玩遊戲得到的獎賞。整部電影沒有正面指控什麼，但是一股更大的悲憫卻油然而生，看著這樣扣人心弦的「悲喜劇」，你還是無感嗎？

看著金球獎與奧斯卡的大贏家《樂來越愛你》(*La La Land*)，你不想手舞足蹈把戲院當成大型 **KTV** 嗎？即使光看那顏色鮮豔的服裝，心中的驚豔早已溢出螢幕。

早餐或寫稿時，我喜歡靜聽古典音樂在周遭流洩，或穩定心情或刺激靈感，覺得這是最有感覺的時刻。可能是韋瓦第、韓德爾、巴哈、拉威爾、海頓、貝多芬、莫札特、柴可夫斯基、蕭邦、舒曼、白遼士，也可能是不知名的音樂家；或平緩單一，或迂曲繚繞，或奔放恣肆，或輕盈細柔，或沉重壓抑，或多元變化循環，或一時之間難以名狀，在在都給我心靈的洗滌與救贖；即使是國語流行樂的蔡依林、李宗盛、伍佰、五月天、蘇打綠……，或臺語的江蕙、黃妃、黃乙玲、陳明章……，都或多或少感動著你我。

還有各種藝術創作，不管文學或美術。這世界不缺少美，只缺少「發現」；這世界不缺少「感動」，只缺少一顆同情的心。「藝術世界的中心是同情」，「同情」是世界進化與創造的動力，「同情的理解」是讓心靈彼此穿越，彼此契合最重要的因素，我們說許多人無感就是說這些人以自我為中心，活在自己的世界，心中沒有別人，不知將心比心。

人是上帝最偉大與奧妙的創作，人是臺灣最美的風景，因為臺灣人有「情」，對外來者不排斥，甚至有「好感」。而這種人與人之間最美的感受，正是推動世界進步的動力。《幽夢影》說：「情之一字，所以維持世界」，正是這個道理。

人的情感斯須萬端，人的感覺在萬物中最敏銳。《世說新語・傷逝》說：「太上忘情，最下不及情；情之所鍾，正在我輩！」所以，人不應該無情無感。電影中的「人」與「故事」或許還不夠「真」，不夠感動你，但是生活周遭、活生生的「街坊鄰居」，或者不是鄰居，但都是與我們一同生活在這裡的人，不管他是逆境向上的漸凍人，還是在災難現場發揮南丁格爾精神救人，或是在運動場上挺舉出奧運金牌，或是拍下世界球后，或是橫跨極地，勇度沙漠，或只是單純的、默默的如含羞草那麼卑微，像蒲公英那麼漂泊不定，但認真養家活口的微塵眾，或只是在「天地不仁」的九二一地震、八八風災中莫明殞落的眾生……，在臺灣每個轉角巷弄蘊藏多少感人的故事？誰能說臺灣是無情無感的地方？

在整個世界，不管花都、霧都、時尚之都、科技之城、文創之城，或是窮鄉僻壤、暗黑落後、被遺忘的山涯海角、密林……，哪裡沒有感人的故事，不管是振奮人心或令人黯然消魂，我要說的是，世界就是一個令人感動的地方，而你還是無感嗎？

不求你如「先憂後樂」的仁人，不求你是看到小魚逆流而上就立志向上的偉人，不求你是「感時花濺淚，恨別鳥驚心」的窮愁詩人，也不希望你是過度敏感的「葬花佳人」，但天象、氣候、風景、人情，變化萬端，莫測高深，連枯桑都知天風，海水都知天寒，你能無感嗎？

木頭人的N種可能

韓愈〈送孟東野序〉：「大凡物不得其平則鳴：草木之無聲，風撓之鳴；

水之無聲，風蕩之鳴。……金石之無聲，或擊之鳴。人之於言也亦然。」其實不只外物、人之言受到撓蕩就會風起雲湧，地動山搖；人之情也是，只要有「物」撩撥之，情感更是驚濤駭浪、毀天滅地。如果天象無常、氣候幻化，撓動不了你木然的心；風景飄移、人情善變，動盪不了你堅硬無感的心，那麼你就真的是一個名副其實的「木頭人」了。

或許是感官氾濫，感覺缺少。

人是感覺的動物，感覺的發動本是天性，但資訊時代，感官享受太多，聲色犬馬迅雷不及掩耳的轉換攻掠你的心情，讓你無暇亦無法將心思留在片段單純的感覺上。

《老子》說：「五色令人目盲，五音令人耳聾，五味令人口爽，馳騁畋獵，令人心發狂，難得之貨，令人行妨。」《列子・說符篇》：「大道以多歧亡羊，學者以多方喪生。」太多的感官衝擊與耳目之娛，讓感官麻木，讓感覺不仁；太多的科技讓人迷失，太多的遊戲讓人更冰冷，失去感覺。本來「感覺」好不容易自心湖升起，即將由漣漪逐漸擴大，但很快就被更大的波濤漫過而消失，造成每個感覺都是「浮光掠影」，來不及醞釀就已破滅；感覺不深，感動就無由產生。

或許是虛實不分，感覺麻木。

這是一個真假越來越難辨的異境時代，太多的科技，過多可以 over 重來的遊戲與虛實不分的情境：AR／VR／MR，讓大家以為一切苦痛與災難可以輕易遺落在冰冷的機器黑洞內，失敗可以簡單重來。但活生生的世界與現實是不可能的，對機器有感，對人卻無感，雖然科技可以讓虛／實的世界融合，但卻缺少「溫度」，而「溫度」卻是感覺很重要的因子，沒有溫度，一切感覺便無由產生。

或許是計較太多，感受太少。

愛的最高境界是捨得不計較，計較多，心眼小，計較多，感受就不深，只知別人對自己不好，而看不到別人對自己的好。

清朝「六尺巷」：「千里送書只為牆，讓他三尺又何妨。長城萬里今尤在，不見當年秦始皇」的故事大家都聽過，因為退讓不計較，所以彼此感受對方的誠意與用心，才共同成就這段美事。

親子之情是人倫中最重要也是最緊密無可剝離的，所謂「反哺跪乳」、

「昊天罔極」才如此動人與被傳頌。但當你聽到親子簽訂照養契約或對簿公堂，甚至冷血弒親，你是否瞠目結舌，惶惶不安，不禁要問這個世界是怎麼了？是否因為計較太多，以致感受不見了？如果連親情都可以計較，這世界還有什麼不能計較？計較越多，無情越多，感受越少。

一二三，不再當木頭人

多左顧右盼，少低頭沉思

如果你總是低著頭，你不僅永遠無法看見彩虹，甚至連身邊的一朵花你都漠視了。當大家盯著小小的螢幕看時，整個世界都被小看了。當鄭捷在捷運殺人時，多數人頭是低低的；當寶可夢翻轉馬路生態時，許多人是「謙卑」的，越來越多的人成為「僵屍族」，當大家都低頭時，你就不知道身邊發生何事。

把頭抬起來，讓視線離開小小的螢幕，左顧右盼，上看下看，你會發現，世界突然變大、變得有趣。

放慢腳步，讓感覺跟上來

古印度諺語：「請走慢一點，等一等靈魂。」不只靈魂，我們的感覺也是。變化日亟的時代，瞬間移動的世界，迅雷不及掩耳的光影聲色刺激，人的腳步被逼著快起來，對萬物缺少深情凝視的機會，動作往往快過想法，行動每每多過思考，「知」、「行」已剝離，當「肢體」不斷快速往前衝時，感覺因跟不上而被遺落，此時不妨靜下來、慢下來，讓感覺跟上來，所謂的「定、靜、安、慮、得」不再是超凡入聖的形上修為，而應該是生活日常的基本功。

從好奇開始，從關心出發

好奇心不只是科學之母、學習者的第一美德，更是感覺之初。對人事物好奇，才想多看多聽多探究，等到「相看兩不厭」，感覺就出現，並與外在產生鏈結。此外，對世事還要多關心，不管風吹草動、日升月沉、水流花落，鳥獸蟲魚，尤其是生活周遭識與不識的眾生，都要多關心。一個人如果對這些完全不聞不問，時日一久，難免會產生麻木自閉的心理，與人和生存環境形成藩籬，最後，很可能變成一個孤僻、狂傲，甚至冷酷的人，所謂「鄭捷們」或許就是這樣產生的。

以心為密碼，讓感覺復活

《莊子・齊物論》說：「夫大塊噫氣，其名為風。是唯無作，作則萬竅怒呺。而獨不聞之翏翏乎？……前者唱于，而隨者唱喁。泠風則小和，飄風則大和，厲風濟則眾竅為虛。而獨不見之調調之刁刁乎？」風不發作則已，一旦發作，整個大地上無數的孔竅都隨之怒吼起來，你難道不曾看見風吹過處，萬物隨風搖曳晃動的樣子嗎？不只是「風」，大自然中到處充滿隨機應變自由有機的生命力，只要忽然發動，不管有生命、沒生命的萬象都會隨之呼應；世間情何嘗不是如此？在看似井然有序卻枯燥的日常之中，隨時都有「感動」的故事發生，不管悲喜，一旦發生，都會撓動你我的情緒與感覺，難道你都沒感受到？

「心為萬物宰」，將心門打開，感覺就會復活，不管天籟、地景、人情，都讓你的生命活潑起來，生命一活潑，人生與世界就不一樣。

一二三，不是木頭人。

你就是自己的英雄

每個人都需要「英雄」

在成長的過程中，你心中是否有過「英雄」的身影？

小時候，你希望有人把你從窒悶的校園與無趣的課本中，或是「兇」如「虎姑婆」、「殘」如「大野狼」的父母手裡救出；當你被霸凌或含冤莫白之際，你渴望有人挺身而出；或許你也曾如大旱之望雲霓般地企盼英雄出現來拯救世界，此時「英雄」的定義就是能解救我／世界的人，對這種英雄是帶有崇敬與仰慕的。

再大一些，你需要的可能只是陪伴你度過無聊時刻的「英雄聯盟」，此時「英雄」可以升級，死了可以重生，但英雄的本質漸行漸遠。

再大一點，英雄只出現在虛擬世界，尤其在「漫威」(Marvel) 中，這個世界的英雄突然多如過江之鯽。但是英雄越多，相對的表示「魔頭」、「壞蛋」也越來越多。於是我常在想，所謂「英雄」是伴隨「惡魔」一起出現的，如果這個世界沒有「惡魔」，「英雄」是否就不見了？

「英雄」越來越多，世界並沒有變得更好。

「英雄」也會死？

小時候以為英雄是完美無缺，永遠年輕，更重要的是無所不能，可以改變世界的。長大才發現英雄也有陰暗面，也有「人」性的弱點，不是成長過程中有陰影，就是偶而也會使壞，甚至飆髒話、耍嘴皮子，也會內訌，也有「生不如死」或瀕臨死亡的時候；及至年紀到了「初老」階段，更發現英雄也會「死」，而且一次不只死一個，在《復仇者聯盟：無限之戰》(Avengers: Infinity War) 中，「英雄」就死了一掛。

天曉得「英雄會死」這是一個多麼痛的「領悟」！

《羅根》(*Logan*) 是休傑克曼 (Hugh Jackman) 最後一次飾演「金剛狼」，

以後如果還有金剛狼一定是「回憶」或是「過去」的事，至少不會是休傑克曼的事了。

以往的「金剛狼」是個十足的「英雄」，他那銳利的鋼爪無堅不摧，尤其是他鋼鐵般的意志，以「英雄」名之當是無愧的。

但是在《羅根》中，「金剛狼」已一百八十歲，正逐漸老去（至少他比一般人活得久，只是不知他活得快樂嗎？），以前植入的金屬骨骼導致慢性中毒，不但鋼爪不利了，連以前引以為傲的，也是支撐他戰無不勝、攻無不克的「自體再生」能力，也變得緩慢不濟事了。他隱姓埋名成為一個隨車司機，神情落寞，面貌衰疲，老態龍鍾，既滄桑又愛酗酒，還會亂發脾氣，在他身上不復見一點「英雄」的影子。最後即使「幡然悔悟」，鼓其餘勇，保護他「女兒」等「變種人」安度難關離開，靠的還是類似「蠻牛」那種變種人興奮劑，才勉強而短暫地恢復一下「英雄」的英姿，但那是多麼的短暫啊！最後力盡戰死異鄉，徒留荒塚一堆，還有一個斜插的十字架，不禁令人唏噓。

原來「英雄」也會死，當英雄失去特異功能，或賴以「揚名立萬」的武器時，他和凡人無異，甚至對比以往的「神勇」，現在的「無能」，感覺反差更大，更感覺不堪。羅根自己都說了：「漫畫內的人物不會死，但真實世界的人卻是會死的。」

電影是「造夢」的工業，更是「英雄製造機」，多少英雄出自「電影」，而且越來越多，英雄在現代已是「量產」、「無性生殖」，像阿米巴蟲般不斷繁衍複製。是電影深化英雄的形象，也是電影讓我們和「英雄」那麼接近，接近到只有三百元的距離。但是「英雄」太多了，不管跑單幫、個體戶、單打獨鬥式的「個人英雄」，還是糾眾結社、分工合作的「團隊作戰」；不管是赤手空拳或擁有特殊異能或武器，「英雄」在今天甚至可以客製化、小眾化，再也難出現「萬民擁戴」的「唯一」英雄。

英雄2.0

「英雄」不斷「進化」，你是否發現英雄2.0有一個重大的改變，那就是英雄也需要助手或所謂的「家人」？

以前愛看古龍的「楚留香」，他的好友兼助手是「胡鐵花」；「蝙蝠俠」

的助手是羅賓；伊森韓特有一個不離不棄的「不可能的任務」小組；《玩命關頭》(*The Fast And The Furious*) 的唐老大有一票患難與共的「家人」；連《天龍特攻隊》(*The A-Team*)、《超人特攻隊》(*The Incredibles*)、《星際異攻隊》(*Guardians of the Galaxy*)、《X戰警》(*X-Men*)……，莫不有「團隊」扶持，當然，其中陣容最大的非《復仇者聯盟》(*The Avengers*) 莫屬。

英雄也不能單打獨鬥，英雄必須講究「團隊合作」精神。

你，就是英雄

第三代《超人》(*Superman*) 的男主角克里斯多福李維 (Christopher Reeve) 說過：「英雄，就是指一個勇者，為了理想義無反顧、不計一切後果，堅定達成目標的英勇表現。」

其實每個人都可以不凡，只是環境限制，情感困囿，或者毅力不夠，沒有把握時機，猶豫不決，無法活出真實自我，以致錯過當「英雄」的機會。

曾創作第三交響曲《英雄》(*Eroica*) 的「樂聖」貝多芬 (Ludwig van

Beethoven)，一生遭遇許多不幸，而最殘酷的莫過於三十歲後就為耳疾所苦，最後終至兩耳全聾。對一個音樂家而言，聽不到自己創作或彈奏的作品是一件多殘忍的事！他晚年還得了支氣管炎，長期臥床，甚至傳說因耳疾等問題曾想自殺，但他並沒有放棄，也沒有因此憂鬱過日，反而昂然挺立，以不屈不撓的精神，面對人生的每個挫折，持續創作，一直到生命的樂章結束。他說：「我決心掃除一切障礙，我相信命運不會拋棄我，我恐怕需要充分估量自己的力量，我要扼住命運的咽喉。」他的音樂，和一種模糊的對世人的使命感讓他不致走上絕路，我們可以說貝多芬的《英雄》不必題名送給誰，他自己就是英雄。

對大多數人而言，人生不是什麼冒險，而是一股莫之能禦的洪流，要在這樣的洪流中載浮載沉，你要讓自己成為真正的「英雄」。

有堅強意志與信念，就是英雄

由《三個傻瓜》(*3 Idiots*) 男主角阿米爾罕 (Aamir Khan) 監製、主演的

《我和我的冠軍女兒》(*Dangal*)，創下印度影史賣座冠軍的殊榮。一般人關心的是「性別議題」及「勵志」部分，其實更令人津津樂道與佩服的是，「高齡」五十二歲的阿米爾罕為了增加角色的說服力，增肥三十多公斤，然後在短時間內再瘦回來；女主角法蒂瑪薩納謝赫(Fatima Sana Shaikh)本來也是個大明星，願意為角色辛苦訓練半年，以求逼真。因為高難度的摔跤動作，導致腳挫傷休養三到六週，甚至自責拖累拍攝進度。他／她在戲裡角色的表現讓人尊敬，戲外這種為藝術堅持到底，甚至做出高難度「犧牲」的精神，更令人敬佩，他／她就是一種「英雄」。

另外大家熟悉的，曾飾演過蝙蝠俠的克里斯汀貝爾(Christian Bale)，憑電影《為副不仁》(*Vice*)奪得二〇一九年金球獎最佳音樂劇／喜劇電影男主角，同時入圍當年奧斯卡男主角。他的綽號叫「橡皮人」，乃因他為了劇情需要，體重隨身變，在演出《美國殺人魔》(*American Psycho*)、《克里斯汀貝爾之黑暗時刻》(*The Machinist*)、《蝙蝠俠：開戰時刻》(*Batman Begins*)、《重見天日》(*Rescue Dawn*)、《瞞天大佈局》(*American Hustle*)、《為副不仁》等片時，體重遊走在五十五到一百公斤之間，一下子大減重，一下子狂增肥，這是專業需要，但支撐專業的卻是背後的意志力。

《鋼鐵英雄》(*Hacksaw Ridge*) 是根據美國陸軍軍醫多斯 (Desmond Doss) 的故事改編，他在成長過程中受到父親（被戰爭陰影荼害所引發）家暴，因宗教信仰拒服兵役，可是最後世界大戰發生，在愛國心的驅使下從軍，但堅持做一個不拿槍不殺人只救人的軍醫，在軍中受盡奚落與霸凌，甚至被軍法審判。當沖繩島戰役發生時，他憑藉「再多救一個」的堅毅精神，英勇解救七十五條人命，最後得到總統授勳表揚。

時代越動盪，越需要英雄，但我們不是來自外太空的「超人」，也沒擁有飛天遁地的蝙蝠車，沒有家財萬貫和堅硬的護甲，更缺乏超能力與先進武器，我們都只是平凡人，世界不需要我們拯救，但人生仍有不少困境泥淖，職場叢林中，多少鬼魅魍魎虎視眈眈，一個不小心就會掉入「惡靈古堡」或「飢餓遊戲」般的追逐遊戲中，被「史前巨鱷」或「大白鯊」、「巨齒鯊」吞食，甚至被排擠，遺落人際邊境，不然就是變成「屍速列車」的喪屍。總之，人生行路隨時都要面對「玩命關頭」，「即刻救援」隨時在進行，其緊張驚悚不輸電影異想世界，甚至更殘酷。

人生或如《高年級實習生》(*The Intern*)說的：「這條路總得崎嶇才會值得」，而人生要「破風」行過崎嶇，不是靠神力，而是擁有堅定的意志與信念，只要擁有一顆堅定的心，你就是自己的「鋼鐵英雄」。

能突破困境與心中陰影，就是英雄

不管英雄或凡人，最怕面對的不是「敵人」，而是自己心中的陰影，這些陰影如影隨形，越是強大的人，陰影可能越大，甚至強大到反過來「篡位」，取代自己、吞噬自己，就像安徒生的童話故事《影子》(*The Shadow*)所描寫的一樣。你為了防禦或對抗這些陰影，築的牆越高，最後對自己的傷害越大。面對這些如「進擊的巨人」般強大的陰影，不是轉身離開或逃避，唯有勇敢面對，才能擺脫。

程頤說：「目畏尖物。此事不得放過，便與克下。室中率置尖物，須以理勝他。尖必不刺人也，何畏之有？」我們的眼睛最怕看尖的東西，只要在屋內全部擺滿尖的東西，久了就不怕，就能克服它。

《獅子王》《*The Lion King*》說：「過去會讓人心痛，但依我來看，你要不選擇逃避，就是選擇從中學習。」但我們面對「陰影」不能逃避，逃避是讓「陰影」壯大的元兇。

蝙蝠俠的陰影在那深深的洞穴；羅根的惡夢是亦師亦友的查爾斯失控，殺死一百多個變種人與X戰警；超人揮之不去的是寂寞、孤單；鋼鐵人的問題在他的「心」和酗酒的習慣；蜘蛛人的弱點在他的女友；鋼鐵英雄的惡夢是「戰爭」；而《不可能的任務》(*Mission: Impossible*)中，伊森韓特最大的「弱點」永遠是親如家人的組員。

《辛德勒的名單》中的主角辛德勒是納粹黨黨員，經常賄賂德意志國防軍和黨衛隊的官員，以便獲得更多的採購權，是個投機軍火商，靠戰爭發橫財，偽造文書、剝削員工、好女色、嗜烈酒，具有多重性格和形象。但當他目睹納粹慘絕人寰的大屠殺時，他的人性也發生重大變化。從此，他擔當起拯救猶太人的使命，憑著自己的良心與良知，盡力解救每一個生命，是猶太人心中的「英雄」。

神話學大師坎貝爾(Joseph Campbell)說：「你最不敢踏足的洞穴中，就藏著你所尋找的寶藏。」英雄不一定完美，英雄也有七情六慾，也有一大堆缺點與陰影，之所以成為「英雄」不在他擁有超能力，而是他能克服甚至超越陰影與恐懼，最後才成為真正英雄。

我常想，英雄為何多蒙面？從蒙面蘇洛、綠光戰警、夜魔俠，一路到蜘蛛人、蝙蝠俠……，或許就因為他們都有「陰影」或必須隱藏的「過去」與現實；因此能突破困境與心中陰影，積極面對事情並期待良好的結果的人，就是英雄。

有愛，有不忍人之心，就是英雄

《逐夢大道》(*Selma*) 中說：「若我們不願意為所愛的、信仰的人事物而死，那我們並未真正活過。」《暮光之城：破曉》(*The Twilight Saga: Breaking Dawn*) 也提到：「我不是在為我自己的生命奔跑，我要搶在終點之前挽救對我而言極其珍貴的東西，我自己的生命此刻已經毫無意義了。」是啊，生命中最珍貴的是什麼？不就是自己、親人還有這生活的地方？如果對這些都沒有愛，都沒有感覺，那就比「機器人」還不如了《魔鬼終結者》(*The Terminator*)、《A. I.人工智慧》(*A.I. Artificial Intelligence*)、《星際大戰》(*Star Wars*)中的R2、哆啦A夢、《變形金剛》(*Transformers*)中的大黃蜂多有感情)。

漫畫或電影中的英雄，因為具有超能力，所以擁有保護地球與人類的責任，對人類與地球有「大愛」(偶而也會愛上單一的美女)。我們凡人不能拯救世界，也不一定有美女青睞，但只要對親近的人充滿愛，有同情與同理心，讓家人或親近的人放心、免於匱乏，這就是英雄。

狄金生(Emily Dickinson)的詩：「如果我能阻止一顆心破碎，我便沒有白活；如果我能使一個生命少受點罪，或緩和一點痛苦，或幫助一隻昏迷的知更鳥再度回到它的窩，我便沒有白活。」英雄的責任不一定是抵禦邪魔或野心家，更重要的是他必須具有愛心，不再讓人民的心破碎。

《玩命關頭》系列後面幾集，強調的是「家人的愛」，因為這份「愛」讓他們更有力量。《玩命關頭8》中，敵人利用唐老大對家人的「愛」，誘使他「反叛」，最後讓他回歸的，也就是那一份「愛」；因為「愛」被利用，也因為「愛」再度讓他成為「英雄」。

不管是否要拯救世界，至少不要讓關心的人心碎，這才是英雄最值得稱頌的行為。

能自我實現，超越自己，就是英雄

是誰說過：「戰勝自己，遠比在沙場戰勝數千個敵人，更有資格稱為英雄。」有時候敵人不是別人，是自己，打敗對手之前，你必須先戰勝自己，即使英雄也不例外。英雄必須不斷進化升級，才能應付越來越邪惡的魔鬼；凡人面對越來越不友善的社會，少子化、年金改革、經濟不振、一例一休爭議、陳抗不斷、政治惡鬥、企業出走，心情越來越「藍色憂鬱」，也必須不斷超越自己，以今日之我戰勝昨日之我，替自己尋求未來的出路。

《金牌特務》(*Kingsman: The Secret Service*) 說：「真正的高貴是優於過去的自己。」肯努力，能不斷進化，超越自己，就是英雄。

積極樂觀，不怕失敗，擁有旺盛企圖心，就是英雄

積極樂觀，凡事往好的方向思考，並期待良好的結果是英雄的重要特質之一。英雄最後能完成「使命」或「天命」，固然依恃超能或特殊武器，重要的還是積極樂觀的態度，不怕失敗，不斷嘗試。《小太陽的願望》(*Little Miss Sunshine*) 說：「真正的失敗者不是那些沒有贏的人，而是那些害怕失敗而不敢嘗試的人。」《愛的萬物論》(*The Theory of Everything*) 也說：「人類的努力不該有界限。每個人都不一樣，不管人生看起來有多糟，總是有些事是你能夠做且做得到的。只要有生命的地方，就有希望。」

以最大勇氣，全然相信只要保持樂觀積極的態度與堅持的勇氣，最後一定會成功，這就是英雄。

能忍受孤單寂寞，擇善固執，樂觀有為，就是英雄

《刺客聶隱娘》說：「身而為人，必須承擔孤獨」，其實作為一個「英

雄」更是如此。

英雄在世時常是寂寞的，「成名」或被「懷念」常是「身後事」。英雄戴著面具才有「風光」，當脫下「面具」，反而是一個平凡人，甚至比一般人還「魯蛇」。英雄的偉大是在「戰場」上或「危機」降臨，世界快要毀滅之際，一旦離開這些時間或場域，英雄是「無名」甚至是「可憐」的，不一定大富大貴，有時是含冤以終（眾多民族英雄都是），有時窮途潦倒（羅根），有的被指為破壞既有秩序的元兇（超人），或被調查（薩利機長），或身陷囹圄（《模仿遊戲》(*The Imitation Game*) 的圖靈），甚至死於莫名（《美國狙擊手》(*American Sniper*)）的凱爾），其中最大的「共相」是寂寞孤單不被了解，不能見天日。

《模仿遊戲》中的名言：「有時候，被世界遺忘的人，才能成就世人從未想像過的事。」作為「英雄」，寂寞孤單被誣衊都是要忍受的。不管世人如何對待自己，面對的環境如何險惡不堪，總是積極樂觀以對，堅持信念，相信自己，相信總有「撥亂反正」、「真相大白」的一天。

這就是英雄該有的寂寞與意志、情操。

當你遙望藍天時，是否渴望自己就是翱翔天際，具有超能力的「超人」？當你躑躅市廛，是否企望自己是可以在鬧市中穿梭自在的「蜘蛛人」？當你受困車水馬龍之中，你是否期待有一部可以飛天遁地、三棲的蝙蝠車？當你受到無謂的意外攻擊時，是否希望你的座車能瞬間變成「變形金剛」保護你脫離險境？

但這些願望在現實中都不會實現。

英雄不只來自天命，在日常中為生活奮鬥的英雄更可貴；英雄也是平凡人，日常做不好，這個「英雄」是不長久的。

不論你的挑戰或挫折是什麼，甚至只是內心深處蠢蠢欲動的冒險基因在作祟。想想你最喜愛的英雄故事，他／她們是怎麼誠實地面對自己？接納自己？並跨出重生的那一步？更重要的是他／她如何邁出第一步，迎向未知世界與未來？

我們不能也不必等待英雄出現，我們要將自己鍛鍊成為英雄。

我們的經歷不會成為史詩或拍成電影，我們也不用一人肩負宇宙存亡的使命；但我們都毫無疑問地是自己生命故事的主角，也是這個故事中「最佳且唯一」的英雄。

別遲疑，現在，就是你的「英雄之旅」啟程之時！

只要有心，魯蛇也能變英雄。

電影中的英雄會謝幕，現實中的英雄——你卻正要變身出發。

堅持做自己——你心中是否也有個聶隱娘？

人生常是孤獨的，尤其是「做自己」的時候，更有千山我獨行或「揮手自茲去」的寂寞，但一旦柳暗花明，你的世界卻又無比寬廣。

做自己就知道自己有多大價值

電影《刺客聶隱娘》可看之處甚多，美學設計、攝影、音樂、導演手法，還有舒淇的演技（特別是她的眼神），但我關注的不是這些，而是「聶隱娘」做自己的「孤獨」。

電影中的聶隱娘奉師命刺殺「某大僚」，但因「這一家的男女主人和孩子在一起生活的畫面太美好和諧，男主人抱著孩子睡著了」，因而延緩刺殺時機，違背「殺一獨夫可救千百人，則殺之」的「師命」，被師父怒斥，與主張「劍道無情，不與聖人同憂」的師父決裂，最後隨磨鏡少年避走天涯。原著裴鉶《聶隱娘》中的聶隱娘接受魏博主帥委託，夫妻一起到陳許州去刺殺劉昌裔，反而轉投到劉昌裔的麾下，為其效命，最後勸諫劉縱（劉昌裔後代）不成，但沉醉而去，自此無復有人見隱娘矣。

不管哪一種版本，聶隱娘心中都不乏「掙扎」，但最後還是選擇堅持做自己。

法國哲學家沙特(Jean-Paul Sartre)說：「如果我不盡力按照自己的意願去生存的話，我總覺得活著是很荒謬的事。」哲學家和精神分析心理學家弗洛姆(Erich Fromm)說：「一般人之所以把偉大的人物當作偶像來崇拜，作為生活中學習的榜樣，那是因為他還不知道如何做自己。」

有一個弟子請教師父：「什麼是人生真正的價值？」師父從房間拿出一塊石頭要他分別到石頭市場、黃金市場、珠寶商場去賣，價錢從十元、一千元到數十萬元，但是師父就是不許他賣，師父要弟子了解人生的價值不在外面的評價，而是在我們給自己的定價。先有了最好的珠寶商的眼光，才可以看到真正的人生價值。每一個人的價值，都是絕對的。堅持自己崇高的價值，接納自己，磨礪自己，給自己成長的空間，我們每個人都能成為「無價之寶」。

的確，竭力履行你的義務做你自己，你立刻就會知道自己有多大價值，因為，真正能夠主宰自己生活的人，只有那些不論遇到任何艱辛困阻，也要堅持做自己的人。

前國科會主委朱敬一的女兒在讀完哈佛大學碩士、柏克萊加州大學博士後才去學做蛋糕、麵包；前者是父母的期望，後者才是自己的興趣。前經建會主委尹啟銘也說，他女兒念完博士，卻決定去日本改學音樂，還說已做完了他交代的事，「女兒的責任已盡了」，現在要做自己想做的事。這兩個例子都是在人生定位的過程中，先選擇「滿足」父母的期望最後才回過來「堅持做自己」，只是這一轉彎，不知浪費了多少時間，而且這是「幸運」的，最後還能繞回最初的「正路」，萬一繞不回來，豈不是又陷入人生的「迷宮」中，不斷地接受「焦土試煉」？

以前有個學生，大學學測考七十二級分，大家都替她高興，認為臺交清沒問題，包括我在內，誰想到她的第一志願卻是實踐大學服裝設計系，不只我們「質疑」，連就讀該系的學長都寫信給我，要我「勸」她，以免她日後後悔。於是我把她找來，在了解她的「選擇」及確定她的人生「定位」後，我鼓勵她堅持做自己，不必考慮別人的眼光，因為惟有依自己意願走出來的人生，才能稱得上完美。

另一個學生考了六十七級分，最後上了北京的清大，我曾到北京去看他，順便問一下清大為何要錄取他，清大當局告訴我，他被錄取的原因很簡單，就是堅持做自己，面試時侃侃而談自己的想法，對未來的人生路非常清楚，知道自己「要」什麼，感動了主考官而被錄取。

堅持做自己就是最好的人生選擇

《水滸傳》一〇八條好漢最後在宋江堅持下一起接受朝廷招安，除了少數幾位，如林冲、魯智深、武松等，多不得善終。其中魯智深看似粗魯不文，但是最後堅持走自己的路，不受招安入仕——「洒家心已成灰，不願為官，只圖尋個淨了去處，安身立命足矣。」所謂「平生不修善果，只愛殺人放火。忽地頓開金繩，這裡扯斷玉鎖，錢塘江上潮水來，今日方知我是我。」在潮信中「悟」道圓寂，在眾多好漢中反而走出一條另類卻保全本真的路。

其實，一個真正懂得做自己的人，不會勉強自己去迎合別人，更不會刻意想要成為自己心中嚮往的那種人。因為他知道人生是自己的，要怎麼過是自己的事；這是一個選擇的問題。

在電影《舞動人生》(*Billy Elliot*)中，男主角比利的父親給他五十便士，要他去學拳擊課程，每星期一次，但在拳擊場上比利精神渙散，他並不想打拳，他只想跳芭蕾舞。於是他瞞著所有人學芭蕾，剛開始連教芭蕾舞的老師都不是很願意教他，認為那是女孩子學的，但還是被比利的熱情感動，沒想到此時被父親、哥哥發現了，極力阻止他去學芭蕾舞，但比利的天分和意志力感動了他們，願意支持比利進入芭蕾舞學院，比利後來如願以償，他靠著意志力打破階級、性別的藩籬，真正地舞動人生。

義大利國寶影后蘇菲亞羅蘭(Sophia Loren)在成為巨星之前，常被嫌不上相，鼻子太長，嘴巴太寬。她常試鏡失敗，窮到餓肚子。但她說：「美貌一點都不重要，重要的是你是否有獨特性。就算被嫌醜，我也從未想要改變我的臉。」後來她成功了，那些原本的「缺點」反而成為美女的標準。她在自傳中說：「自我從影開始，我就知道什麼樣的化妝、髮型、衣服最適合我，我誰也不模仿。……我只要求看上去像我自己，非我莫屬。」美國思想家愛默生(Ralph Emerson)說：「羨慕就是無知，模仿就是自殺」，就是這個道理。

美國脫口秀名人歐普拉(Oprah Winfrey)，也是當今世界最有影響力的女人之一，她成功的關鍵之一是堅持做自己。歐普拉成名前曾被要求改名字以增加親和力，還被要求燙頭髮，以致頭髮脫落，不得不理光頭，她討厭被要求派去報導他人慘劇，還經常讀錯字，她很沮喪和焦慮，覺得自己無法成為她的偶像芭芭拉華特絲(Barbara Walters)，她覺得應該做自己，於是開始脫稿演出，電視臺覺得她太情緒化，便派她去主持脫口秀節目，沒想到她在節目中一坐下來，就感覺像回到家一樣，感覺對了，人生一切的成功也由此開展。

《模犯生》(*Bad Genius*)中的女主角小琳經歷作弊、與夥伴阿班決裂，最後自首，關鍵就是「決定權在你」這句話，她選擇做自己。《不可能的任務》中的伊森韓特不管和「上級」或歹徒交涉，一向選擇按自己的方式，過程雖然「九死一生」，最後總是化險為夷。

堅持做自己是為了「享受」獨一無二的快感，「享受」自己做決定的快樂，以及自己負責的「尊嚴」，做自己並不難，但必須注意下列幾點：

做自己要先了解自己

做自己不是單純的為了「耍帥」，或只是為了和別人不一樣而已，否則那只是因為你在一般的競爭中「輸」了，或者不敢跟別人競爭。要真正「做自己」必須先了解自己，要先知道自己想成為怎樣的人，才有資格談如何成為那樣的人。真的了解自己是誰，才能自信地成就自己。

要了解「要」與「不要」

堅持做自己不是絕對反對或排斥別人對自己的要求，不是為反對而故意「與人不同」，而是真正想過自己「要」與「不要」後的堅持。

堅持做自己不是「一把抓」，什麼都要，什麼都不妥協，相反地，因為知道自己「要」什麼，反而可以「放棄」自己「不要」的，因為「割捨」自己

「不要」的，反而得到自己想「要」的，其中的「捨」與「得」必須思辨清楚。

要掌握「能」與「不能」

堅持做自己之前要先「盤點」自己的能力指數，知道自己的「能」耐在哪一方面，知道自己「能力」不足在哪裡，否則「能力」不足，堅持做自己只是一種「固執」與不知天高地厚的耍酷而已。

堅持做自己要為自己的決定負責

堅持做自己不是完全無視別人的存在與看法，而是經過「深思熟慮」後，不讓別人的看法影響自己的決定而已。堅持做自己不是為了標新以沽名，不是立異以釣譽，而是純粹自己為自己的選擇負責。

堅持做自己，要耐得住孤獨

堅持做自己從一開始就注定是一條寂寞的路，甚至永遠都是孤單的，耐不住孤寂，經不起瘋言酸語的人還是從眾的好。

每個人心中都有一個「聶隱娘」，想走自己的路，但不一定有「聶隱娘」的堅定與自信，更沒有她忍受孤獨的決心與毅力。如果你覺得堅持做自己是對的，那麼就要堅持自己所選擇的，相信自己所堅持的。

村上春樹說：「不管全世界所有人怎麼說，我都認為自己的感受才是正確的。無論別人怎麼看，我絕不打亂自己的節奏。」「每個人的天賦和際遇不同，當你選擇開始做一件喜歡的事情的時候，並非都是坦途，有鼓勵，也有打擊，但既然喜歡，並且享受著，一定要堅持下去啊！」所以，別人怎麼看你並不重要，重要的是，你對於自己的決定後不後悔。

自助最好也能人助

戀愛可以自己選擇對象，但最好能得到其他人的祝福，堅持做自己也是如此。堅持做自己有時很辛苦，除了一路踽踽獨行外，若能得到親人的認同，至少是理解，人生行路就可以不必那麼孤單。大家的祝福可以讓自己堅持得更遠、更久、更好。

幫前美國第一夫人蜜雪兒（Michelle Obama）設計禮服的吳季剛，父母從小就支持他做自己喜歡的事，當別人笑吳季剛玩娃娃時，哥哥說：「讓他當他自己吧，那樣有什麼不對？一點都沒有錯！」如果沒有家人的支持，吳季剛要做自己不會那麼順利。

幸福是堅持做自己，堅持做自己熱愛、相信的事，但是「任性」並不會幸福。

一個人可以選擇放棄，但絕不能放棄自己的選擇。人活著，就是要做自己喜歡的事情。無憂，無慮，無怨，無悔。

堅持做自己的人，對外界依賴少，所以精神才更自由、更獨立。

雖然世界對於堅持做自己的人並不寬容，但如果喜歡，就走下去吧！你的選擇成就你的人生，終有一天你會得到祝福。

門開著，就不是房間了

人生是單行道，絕不可能重來，不管發生什麼事，重要的是你如何面對；因此才有人說，發生什麼事可能不是你的事，但你以何種態度去面對就是你的責任了。

逃出禁錮的「房間」

電影《不存在的房間》(*Room*)榮獲多項電影獎項，包括奧斯卡最佳女主角。電影改編自被《紐約時報》(*The New York Times*)評為十大小說的《房間》(*Room*)，以發生在奧地利真實的駭人性奴案事件為藍本。內容敘述一名被囚禁的年輕母親裘伊，與自己五歲小孩傑克只能在房間內生活，為了讓孩子能接觸外面的世界，母親決定脫逃。

電影大致分為三個部分。第一部分，故事情節緊縮在一個小小的地下室工具房裡，小小的「房間」（牢籠）是傑克的全部世界，而且是「失真」的世界。傑克每天起床面對的就是那四面牆，吃喝拉撒玩樂都在此，晚上還要躲進黑暗的衣櫃。他與媽媽在裡面「生活」（躲藏），傑克的世界就是媽媽告訴他的世界，這裡的「世界」雖小卻溫馨。他們與世界的連結只有一臺老舊的電視機，還有那偶而透進天光有落葉飄落其上的天窗。第二部分是兩人的逃跑過程。第三部分他們終於逃出房間，但是故事並沒有因此結束，反而另起高潮。

女主角裘伊雖然逃離被禁錮的「房間」，卻逃離不了自己心中的那個「房間」（無形的房間更令人無法逃出），她的陰影反而因「逃離」而更嚴重，甚至輕生自殘，直到後來兒子傑克要求回到原來的那個「房間」，並且一一和那些相處過的物品說再見，兒子的童真不但讓自己揮別過去，也影響母親，協助母親走出鎖住自己的「房間」。

門開著，就不是房間了

「門開著，就不是房間了」，這句令人鼻酸，也令人得到紓解的話，就是傑克向「房間」(過去／自己被禁錮的世界) 告別時說的。門已打開了，不再是封閉的房間，而是真實的世界。外婆初見從被囚禁的房間逃脫的傑克時說：「謝謝你救了我的女兒」，這裡的「解救」是有形的、是形體的，而最後傑克以他的純真走出「房間」，還幫忙母親一起「走出」，這次才是「心靈」的，真正的「解救」。

電影節奏基本上是平淡，沒有特別搶眼的運鏡與剪輯手法，但不知怎的，整個觀影過程，心情是緊張沉重而不安的，整個情緒被揪得緊緊的，一刻不得鬆弛，即便離開戲院，心情還是沉重異常。

現實中，我們比較幸運，不會被關在小小的「房間」內，成為囚犯，見不到真實世界。但事實上，我們每個人或多或少都被一座座「無形」的「房間」囚禁著，或名利或親情或工作或疾病或只是一種莫名的情愫或我執，甚至看起來像是關心其實卻是另一種「房間」（牢籠）的「我都是為你好」，還有一種更可怕的是在意別人的看法，無時無刻不活在別人對自己的評價中，每天為別人而活，別人的看法是你我的囹圄，別人的想法則是你我的牢籠，何時可以掙脫而出，真正獲得「大自在」。

我們每天面對廣闊的世界與複雜的人際關係，尤其是無限寬廣的網路「世界」，有「眼見」的世界，也有虛擬的實境，有時在現實的「房間」中無法自拔，有時則是把自己關在電腦或手機螢幕（另一種房間）內不想出來，以致最後虛實不分，以為所謂的「世界」就是兩根手指「打」出來的「天下」，以為所謂的「人生」是可以不斷「重生」update的「魔獸世界」。

如果天地是一個最大的「房間」，自己居住的地方則是一個小「房間」，我們每天在這些大小「房間」進出，享受「房間」的保護與桎梏，每進出一種「房間」，就有不同身分與體悟或限制。同樣地，每變換一種身分，就如同進入一種「軟式」、「無形」、裝飾不同的房間，在那個「房間」裡扮演各種「變色龍」，以求自我感覺良好，假裝適應，而昧於自己只是善於在「房間」之間游移而已。

找到「天窗」與一顆「牙齒」

《不存在的房間》刻劃受囚母子從暗處走向光明，是一種溫馨的殘酷，用最溫柔的口吻訴說最震撼的故事。在「不存在的房間」裡，因為生命經歷不同，「房間」對母子而言不是「鏡射」，而是翻轉對比關係。裘伊從外在世界被迫走入「房間」，傑克卻是從自以為是全世界的「房間」走出到另一個陌生的世界。傑克剛「逃」出房間時還要戴著口罩，代表對外在世界的不適應與敏感，外面的「空氣」甚至比「房間」更毒害。

除了「房間」的隱喻之外，「天窗」也是一個很重要的意象。天窗是裘伊與曾經熟悉的世界的一小部分連結，卻也侷限了裘伊的生命格局，天窗外是她熟悉的世界，她每每仰望天窗，亟欲回到熟悉的世界，房間內黯淡無光，天窗成了生存的提醒與希望的寄託；但是對從小被關在「房間」的傑克而言，天窗成了寄情的眷戀，是他口中自己降世的入口，逃出後反而不斷想念天窗風光與房間內熟悉的一切。這是生命與傷痛的矛盾，想想，我們的人生不也是這樣，當被禁錮時一心想逃離，可是一旦逃離之後，卻又「懷念」那段「暗無天光」的日子，甚至再度「主動」回到那不堪的「房間」，把自己監禁在過去。

是誰說過，生命會自己找出路？真正的成長不是去抹煞生命中不好的經驗，而是接受它們造就了今天的自己、並以此為動力繼續前進。外婆告訴傑克：「人們是依靠著彼此而堅強，一個人是無法堅強的。」他們母子相依的情感就是如此，當初傑克在逃離無助時，能給他力量和希望的，就是母親的那顆牙齒，它象徵母親一直陪著他。當生命困頓窘迫時，你是否也找到屬於你自己的那顆「牙齒」，當你面對未來稀微的天光時，你又從「天窗」看到什麼？

不是每個人都找得到門或幫自己開門

現實中門雖設而常關，那麼「門」的意義何在？或許我們都希望擁有哆拉A夢的「任意門」，不設限任何形式，只要喜歡，就可以出入古今中外甚至未來。但是不要忘了，任何地方、任何時空都有「房間」等著你，你總會受限於某一時空的「房間」，逃得了這個時空的「房間」，躲不開另一個，除非你能隨時幫自己把「房間」的門打開，但既然你願意／可以把禁錮自己的門打開，你又何須企求「任意門」的存在呢？

門打開，「房間」就不存在。門不開，你永遠住在「房間」裡。走出「房間」，你的人生才真正開始；走出「房間」，你才能真正和過去和解。

裘伊走出自己和兒子的房間，也走出自己的房間，但不是每個人都那麼幸運。

《海邊的曼徹斯特》(*Manchester by the Sea*) 主角李錢德勒，因點燃家中壁爐後外出，結果引發火災燒死自己的小孩，造成妻子與之仳離，從此他成為一個憂鬱寡歡、少言、自我封閉的人，時常買醉，甚至偶而發個酒瘋，找人挑釁、打架。他為了逃避苦澀過往與混亂的人生，離鄉背井，在波士頓某個小鎮當水電工，及至哥哥意外逝世，讓他不得不回到故鄉「曼徹斯特海邊」(重新面對過去的機會)，並成為不成熟的姪子派翠克的法定監護人（可能是改變的契機)。除了要撫平姪子的喪父傷痛，面對青春期的焦躁不安，處理兩代之間的溝通隔閡，還要面對擁有新家庭的前妻，以及街坊鄰居的異樣眼光，更難的是面對自己的創傷回憶……，最後他依然選擇「放棄」，決定將監護權轉交鄰居，自己離開傷心地，一切似乎又回到原點……。電影最後以冬雪溶解，春天到來收結，好像暗喻主角的心境有所改變，獲得重新的機會。但即使冷冽的冬季逐漸過去，春天到來，大地還是陰鬱灰暗的，看不出春天／希望真的完全回來。

他終究沒有打開自己「房間」的門，或者只是微開一下又關上了，因此過去的陰影一直還在，變成他餘生的一部分。

不是所有的錯誤都可以被自己原諒，也不是所有的傷痛都願意自己去撫平，也不是所有的人都願意打開「房間」走出來。

一個人能使自己成為自己，比什麼都重要；但要成為真正的自己，就不要被任何有形或無形的「房間」禁錮。

五百年前，英國作家吳爾芙(Virginia Woolf)說女人要有自己的房間，那是爭取自我的獨立與性別的平等，不是要找囚禁自我的地方，反而因為擁有自己獨立的「房間」，一個實體的空間，繼而成為心靈的空間、思考的空間、創作的空間，在這裡你就是真正的自己，而不是別人。在這裡，不管「門」是否開著，「房間」的隱喻或象徵已經改變，因為心靈真正自由，再也無任何「房間」可以侷限你。

二〇一八年臺北電影節的大贏家，還獲得金馬獎最佳女主角獎的《誰先愛上他的》，以類劇場、簡單的形式，甚至某些段落還有點像八點檔的小品，舉重若輕地探討「學會包容與接受」的課題。電影演繹的是錯綜複雜，單純卻又難解／難解卻又單純的辯證。

電影描述三蓮的丈夫正遠死亡，把死亡保險金受益人留給小王／小三阿傑，以致引起三蓮的憤怒與不滿，尤其當兒子程希也「投靠」「情敵」時，她的不滿與不解達到頂點，於是心中的仇恨油然而生。

雖然他們心中都有愛，都有守護自己愛情的方式與自信，但隨著後來情節的發展，他們不但彼此針鋒相對，甚至抱著「我不幸福，你也別想好過」的心態，彼此不肯退讓一步，同時都有默契地偽裝自己，各自把自己關在專為自己設計的「房間」裡，而這個「房間」的名字不可思議的竟然是「愛」！

我這麼「愛」他，他怎麼去「愛」別人？到底誰先愛上他／他到底先「愛」上誰？還有「愛」他為何他會難過？

他們的「房間」或許不同，但房內都貼著一個大問號：「全部都是假的嗎？沒有一點愛嗎？」他們在各自的「房間」裡吶喊、受折磨、不解，他們沒有心靈的互動，只有想摧毀對方的衝動，他們都在做摧毀對方的「壞人」，於是把自己鎖在「房間」裡，一天就成為「一萬年」，一直至最後，他們在針鋒相對的過程中，發現有一條線圈住他們對同一個人的愛，那不該是敵對，而是隱藏在最深處那良善又溫暖的心，所謂的「好人與壞人、受害者與加害者」，有時候只是立場與觀點不同而已。

當他們逐漸了解面對內心傷痛的最好辦法，不是透過發洩憤怒來引起更多仇恨的惡性循環，而是交由時間、用雙方的尊重與了解，抱持著對身邊珍視之人的愛，原諒別人、也原諒自己後，程希學到「同情的理解」，三蓮學到「原諒、包容」，阿傑則學會「釋懷」與「放手」，這一念洞開，禁錮他們心靈的「房間」終於打開門，當「愛」、「包容」與「同情的理解」的微光照射進來，他們不再是彼此的「仇人」，而是可以關心／被關心的人，原來「愛」、

「包容」、「理解」才是一切的真相與答案，也是幫助自己走出「房間」的重要力量。

房間的門要自己開

宋朝茶陵郁和尚寫了一首開悟詩：「我有明珠一顆，久被塵勞關鎖；今朝塵盡光生，照破山河萬朵。」曾經或在目前仍禁錮我們的各種有形、無形的「房間」，其實就是一種「塵勞」，緊閉的「房間」讓外在的熹光照不進來，於是黑暗成形，唯有打開監禁心靈的「房間」的門，陽光進來，才能再度天朗性空，了無掛礙，光照三千，把自己從「房間」解救出來。

不要把自己關在房間裡，勇敢走出來，外面美好世界正等著你。

只要有光就有希望

永遠向著光亮走，當生命低潮或生活無法承受時，不要期待會突然「豁然開朗」，只要「彷彿若有光」就夠了，即使只是非常稀微的光，都可能是照亮你未來，讓你有「重見天日」的機會。

尋找依靠與寄託

《不存在的房間》中的母子各有寄託與期待，這讓他們活下去。困頓生活中也要如此，給自己找個「小確幸」，就算不斷編個「自欺」的希望與幸福都好，因為當陰霾散去，「房間」的門打開以後，誰又在乎你曾為了「活著」欺騙過自己。

門要自己開

不要自作孽，把自己反鎖。別人建造的監牢，總有機會逃脫，自己建造的心房卻不易摧毀。不管什麼樣的房間（人生），門開關的關鍵與決定權總在自己。不管怎樣的房間，建議多開幾個「門」，陽光與希望進來的機會就比較多。

絕不失去「勇氣」，絕不放棄

德國文豪歌德（Johann Wolfgang von Goethe）說：「如果你失去財富，你只是失去一點，如果失去榮譽，你失去的就更多，如果你失去勇氣，那你什麼都失去了。」記住：「勇氣」是你灰心喪志時唯一的武器，也是打開「房間」的動力。

做青春的主角

尋春，春在枝頭

春天的校園不寂寞，相反地更加熱鬧。因為有花、有樹、有草、更有無數的蝴蝶翩躚，有時候駐足，伸出手掌，白色的蝶兒還作勢要停下來，等你正要竊喜之際，她卻又抖動薄翼飛走了，她告訴你：「不是我無情，只是你非我所屬。」因為老詩人周夢蝶說過：「每一隻蝴蝶，都是一朵花底鬼魂，回來尋訪她自己。」哦不！其實老詩人沒這麼浪漫，那是張愛玲在《炎櫻語錄》裡提到的，話出自張愛玲的好友炎櫻口中。

於是，春天整個校園就充滿前世和今生的故事，還有「追尋的遊戲」，當每隻蝴蝶翩飛之際，你會看到好多個「七世」，好多個「梁山伯與祝英台」，你不禁要想：哪一隻是莊周？哪一隻是你的今生？哪一隻又是你的前世？或者哪一朵花才是你想棲憩的？當你百思不得之際，唯有嘆息，而在嘆息時，春天就已過去，蝴蝶又回到花魂中，回到莊周夢裡，回到張愛玲的書中，回到周夢蝶的名字裡……，留給你更多的嘆息。

有人把嘆息化成文字，長吁成為小說，短嘆成為散文，更短的咨嗟則成為新詩，而不管新詩、散文、小說，都成為人生的一部分，就像嘆息是你收不回的謦欬之一，就像花是蝴蝶不小心掉落的羽翼，就像蝴蝶是花失去的精魂一縷……。把花和蝴蝶糾合在一起，前世今生輪迴才完整，同樣地，把聲情意和文字組合，人生才美滿，否則永遠都是缺憾。

於是有人又說：「把缺憾還諸天地」，可是天地雖大，有些缺憾卻容納不下，只有文學可以是女媧，將現實煉成五色石以補天，從此天圓地方，不再有缺。可是缺憾還是存在，不在天地，而在自己小小的心裡。偏偏五色石用完，剩下的一顆被賈寶玉帶走，從此心靈總覺缺乏什麼而不滿足，只好不斷填補，以欲望、以名利、以信用卡、以毫無止境而宛如黑洞的手機螢幕……，此時才發現，原來青春與文學這麼珍貴。

春天可以做什麼？西班牙的哲學家、文學家、批判實在主義和自然主義及美學家桑塔耶納（George Santayana）有一句名言：「我和春天有個約會（I have a date with spring.）。」聽說有天他課上到一半，突然感覺教室外春意撩人、春光爛漫，於是把粉筆一丟，說出這樣的名言來，立即離開教室尋春去也。很酷對不？沒啥了不起，我們的大理學家宋朝朱熹早就在〈出山道中口占〉寫過：「書冊埋頭無了日，不如拋卻去尋春。」古今同趣，中外同理，只是除了大人物真風流，我們凡夫俗子又有誰承擔得起，也願意付得出尋春的「代價」？

尋春，春在雨中

三月，東風已綠，只是你是否感覺得到？有時東風不寒，卻夾雜一些沾衣欲濕的春雨，春雨則微微遮住春信。古人說得好：「小雨絲絲欲網春，落花狼藉近黃昏。」（宋・李彌遜〈春日即事〉）是雨將春「網」住了，讓春信遲遲，讓東風的腳步邁不開，以致一路顛簸，讓多少人終日尋春而不見春。

你喜歡雨嗎？如果不出門，我很喜歡聽雨看雨，最好是對山或臨水的地方。有山才顯出雨的溫柔，有水才看出雨的綿長，有山又有水，自然的百態就周全了；最好還有一首音樂，一杯氤氳的熱茶，還有一盞昏黃的燈、一本書，那就是我的小確幸了。不過一旦要出門，那整個感覺就不一樣，好像充滿危險及不確定。開車視線不好是危險，行路到處積水，閃來閃去，像在走凌波微步，充滿忐忑。更難受的是，手裡提著重物，還要找第三隻手撐傘，不是傘歪了，就是提物搖搖欲墜，極盡狼狽；有時顧住自己的傘不要頂刺到別人，卻不經意被冒失鬼的傘戳碰了一下，人生真是左支右絀。

文人喜歡寫傘下的世界，撐一把傘，像撐住一個天空，一柄在握，整個世界跟著你走。想得美，那是有閒的時候，反之，窘迫急促，是整個世界千鈞壓著你，你成了三明治中的餡。大詩人杜甫最有儒家「民胞物與」的胸懷，即使飢寒交迫仍不改初衷，真正做到巴金所說：「真誠的作家都向讀者交出自己的心。」詩聖不只向讀者交心，也向天下蒼生交心，故看到春雨潤物也要欣喜一番，所謂「好雨知時節，當春乃發生；隨風潛入夜，潤物細無聲。」（〈春夜喜雨〉）好雨隨風，悄然入夜，滋潤萬物，細細無聲，雨為萬物賦予生機，為世界根植福田，就像作者的心願一樣，更像詩人的期許，希望大家如春雨般散布愛心，給人心一番滋養，給世道多一份溫馨。此外，韓愈：「天街小雨潤如酥，草色遙看近卻無。」（〈早春呈水部張十八員外〉）描寫春雨滋潤，早春萬物萌生，詩人抓住早春的特點，表現了獨特的意趣，其情懷和杜甫有異曲同工之妙。

一陣雨，讓人愛憎都有，喜歡的大可歌頌，不喜歡的也可以唏噓，總之，都是早春情事，都是一個階段的開始。雨絲不斷，何妨雨思也不絕，點滴都是情，讓情思躍然紙上，留下早春的紀錄與青春的謳歌。

尋春，春在心頭已十分

李商隱〈早起〉詩：「風露澹清晨，簾間獨起人。鶯花啼又笑，畢竟是誰春。」是啊！一樣的春光，是誰該擁有，是誰留住最多？還是一樣的讓春歸無覓處才後悔？黃庭堅〈清平樂〉：「春歸何處？寂寞無行路。若有人知春去處，喚取歸來同住。春無蹤跡誰知？除非問取黃鸝。百囀無人能解，因風飛過薔薇。」春歸無覓，也無人能解，看來「惜春」比「尋春」重要。

春雨綿綿，點滴都是情；春信闌珊，片片自在人心。

有人頓悟，不以花開柳綠水長決定春天是否到臨，憑的只是一種感覺，「等閑識得東風面，萬紫千紅總是春。」（朱熹〈春日〉）只要心境有春，意在景外，春天隨時都在，笑拈梅花，春在枝頭；泥融飛燕子，沙暖睡鴛鴦，春天就只是一種感覺而已。或許他們也服膺《小王子》(*The Little Prince*) 說的「一個人只有用心靈才能看得到真實的東西，真正重要的東西不是眼睛可以看得到的」的道理，凡事「唯心」。

佛說：「遇緣則有師」，在日常生活中，我們能看見的事物，都是我們關心或是正在尋找的，春天不在山外水中煙霧裡，春天原來在心中。

讓春天從心底出發

春光爛漫，春意闌珊，即使在春雨霏霏中，校園內小小的李花與櫻花依然兀自燦白與嫣紅著，在一片翠綠的校園中活出自我的生命情調與節奏。他們是那樣的自在，不與其他植物同綠，獨自選擇不一樣的旋律與春天共舞。

不只李花、櫻花如是，即使只是一根小草亦然，所謂「天生烝民，有物有則，民之秉彝，好是懿德。」每個人秉天地化育所生，都有自己存在的意義及價值，需要自己去創造與開發，去形塑不一樣的自我，去過不一樣的人生。

人生就像一片迷霧森林，看似一目了然，實際上卻是多麼複雜、深邃、詭異和迷幻，就像一座迷宮。傳說中挪威的森林就是一片讓人迷路的巨大原始森林，人進得去卻跑不出來。披頭四樂團（The Beatles）有一首名曲：《挪威森林》（*Norwegian Wood*），後來日本作家村上春樹借用在《挪威的森林》小說中當作背景音樂，書中女主角直子每聽此曲必覺得自己一個人孤零零地迷失在又寒又凍的森林深處。這是村上用年輕披頭四的流行曲隱喻青春必經的徬徨、恐懼、摸索、迷惑的象徵。每個青春心中都曾有一片「挪威森林」，但只要相信青春無敵，跟著春光走，就能走出生命的迷霧森林。

春天，一年中最美的季節，就如青春是人生最璀璨的階段。一年之計在於春，每個人都有夢想，就讓自己的夢想伴隨春天，從你心底出發吧。

做青春的主角

青春是人生階段最有活力、最有衝勁、最純潔無邪的階段，這一階段的經營看似無關緊要，其實攸關未來的發展，只是我們不自知而已。因此，珍惜青春階段，好好「經營」自己，認真思考該做的事，將可為未來紮下穩固的發展基礎。

二〇一四年辭世的歌手高凌風曾說過：「我站在哪裡，那裡就是中間」，這是對自己的絕對自信。以前也有一個政治人物說：「自古英雄造時勢，哪有主角等燈光。」不要錯過青春，好好積學儲寶，讓自己成為真正的「主角」。

好好學習

學生的工作本來就是學習，想升學的認真用功，不想升學的也要學習一技之長。學習不限一個固定空間，處處留心皆學問，所有的地方、人、事、物都有可學之處。青春階段學習力旺盛，只要是無害的內容及方式，都應該把握機會，好好學習。學習就像爬山，爬上這一座山頭，還有另一座更高的山，永無終點。

樂享天倫

青春階段，父母年齡慢慢增加，身體尚屬於相對健康的階段，此時應該把握和父母相處的機會，樂享天倫之樂，家人多相處，或一起用餐、運動、出遊、欣賞藝文，甚至一起看電影、聊聊天，都是好事。一旦父母年齡增長，體力漸衰，想陪你，或你想陪父母，都不容易。當父母年老多病，家人很多相處時間都在醫院，那就不是好事了。

學會抉擇

人生就是一種不斷抉擇的過程。成長的選擇，沒有一個是完美，做出選擇，承受結果。美國詩人弗洛斯特(Robert Frost)說：「林中有兩條小路，你選擇了其中的一條，就會看到不同的風景。」人生三大遺憾：不會選擇，不堅持選擇，不斷地選擇；選擇既是人生，也是青春的必然，那麼就好好學會選擇吧！

壯遊歷練

地球是平的，這是地球村的時代，世界的距離越來越小，國際上任何風吹草動，都會因「蝴蝶效應」直接或間接影響到我們，任何人都不能自外於「國際」。這個世界除了「臺灣」之外，還有其他國家，即使在臺灣，除了自己生活的環境之外，也還有其他鄉鎮。司馬遷「二十而南遊江淮，上會稽，探禹穴，窺九疑，浮於沅湘。北涉汶泗，講業齊魯之都，觀孔子之遺風，鄉射鄒嶧，戹困鄱、薛、彭城，過梁楚以歸。」這些遊歷豐富了司馬遷的歷史知識和生活經驗，擴大了他的胸襟和眼界，更重要的是使他接觸到廣大人民的經濟生活，體會到人民的思想感情和願望，這對他後來著作《史記》有極其重要的意義。我們不一定要著作，但利用青春時候，有錢可多到國外遊歷，若經濟不允許，也可以選擇遊遍臺灣，以擴大視野及胸襟。

至少喜歡一種藝術

所謂「腹有詩書氣自華」，不只「詩書」變化青春的氣質，藝術也是。藝術不但可以薰陶心靈、豐富內在，更可以作為怡情養性、排憂解悶之用。藝術涵養可以幫你走出人生低潮，蓄積再起的動力，更重要的是，藝術可以增加生命的韌性。因此，在青春階段可以選擇浸淫一種以上的藝術，或欣賞或直接涉入學習，對未來人生的深度、廣度、密度與韌性都有很大裨益。

學會再站起來

《莊子・則陽》說：「安危相易，禍福相生。」《老子・第五十八章》說：「禍兮福之所倚，福兮禍之所伏。」人生起伏是常態，上下循環是正常。處順境要持盈保泰，謹慎、謙和；處逆境要韜光養晦、忍耐以伺。我們常說：「人生不如意十之八九，但看那十分一、二。」人生失敗難免，如何在高低之間取得平衡，在禍福當中樂天知命，從失敗中記取教訓，伺機再起，是青春該學的應世之道。

走出舒適圈

即使現在大家高喊經濟不景氣，就業困難，但不可否認，這一代年輕人應該是有史以來最幸福的一代。因為幸福安逸慣了，比起上一代，這一代的確較吃不了苦。但不要忘了，一點點痛對你有好處。失敗也是一種選擇，壓力讓你更強大，誇獎讓你更脆弱。人生路上的荊棘在等待青春，別害怕累，只因累是對的，生活並不會因為你的疲倦，而騰點時間讓你歇息，因此要勇於吃苦，試著走出舒適圈，必要的風雨是淬鍊生命、砥礪意志最好的良藥。

學會感動與感謝

有人說這一代是麻木不仁的，因為不會感動。本來人應該是感情的動物，朝輝夕陰，一花一世界，一沙一天堂，不管任何人情物態都有它的美及令人感動之處。能感動的人，才能領會天地化育萬物的心，知道天下事沒有必然，了解任何人對我們的付出都不是應該的，如此才知感恩，知道不管做任何事心中都要有別人的存在。

學會思考

法國哲學家笛卡兒 (René Descartes) 說：「我思故我在」，因為思考，才有存在。美國奇異公司前執行長傑克威爾許 (Jack Welch) 說：「許多問題沒有固定的答案，真正重要的是思考過程。」思考產生答案，思考讓自己的定位與人生方向更清楚，思考讓自己更有價值；未來人生之路，就在青春這一刻的思考中。

學會時間管理

世界上唯一失去後無法重新取得的就是時間。失去錢，可以賺回來；失去朋友，可以修補關係；失去工作，可以再找新的。但失去時間，就是永遠失去了。人生短短幾個秋，不要空等直到有人告訴你「你已經太老了」。許多人犯的最大的錯就是投入太多時間與生命在不對的事情上，最後浪費了時間、青春與自己的大好人生。前英國首相柴契爾夫人(Margaret Thatcher)說：「看看你晚上最感到滿足的一天，那不是你遊手好閒什麼事都沒做的一天，而是你把所有要做的事都完成的一天。」德國哲學家黑格爾(Georg Hegel)說：「青春是生命中最美好的一段時間。」掌握你的時間，也是掌握人生的唯一辦法。

青春本身就是一首曼妙的交響詩，樂器由自己選定，樂曲由自己譜就，整個樂章由自己演奏，鏗鏘、幽咽、婉轉、流連、凝滯、暢達，悉由自己的生命完成。

春天是開始也是過渡，有點朦朧模糊，也充滿希望與可能。在這樣春光多彩紛呈，心緒蕩漾的階段，青春宛如嬌豔的花朵，正在綻開深藏的紅顏，你正不斷搜尋人生的春天；即使春雨綿綿，只要能體會造物者的深意，只要春天在你的心中，你永遠就是春天的最佳主角。

2

成為彼此的神隊友

人間最美是相遇

相遇是一切的開始，如果沒有相遇，一切都不會發生，從生命的孕育、情愛都來自那無可名之，既期待又怕被傷害的相遇。

相遇決定未來，定義我們的人生。

相遇是不可思議，一旦發生再也無法阻擋

一直很喜歡席慕蓉的〈一棵開花的樹〉。該詩描寫一段淒美的相遇，全詩不長，卻有三個轉折，從為相遇所做的準備與期待，到真正相遇／錯身，到心碎，我認為是一首最平易又最傳神、精準描寫「相遇」三昧的「情詩」。

我常在想，如果有人如此癡情，求了五百年，你難道都不捨給他一個「相遇」嗎？就一個「相遇」就好，或許他就甘心了，此去如何，他都無怨了，就如徐志摩說的：「一生至少該有一次，為了某個人而忘了自己，不求有結

果，不求同行，不求曾經擁有，甚至不求你，愛我，只求在我最美的年華裡，遇到你。」原來在「相遇」之前，眾生一樣卑微。

林黛玉在還是絳珠仙草時接受還是神瑛侍者的賈寶玉日以甘露灌溉，絳珠仙草便得久延歲月，後來既受天地精華，復得雨露滋養，遂得脫卻草胎木質，得換人形，「他（神瑛侍者／賈寶玉）是甘露之惠，我（絳珠仙草／林黛玉）並無此水可還。他既下世為人，我也去下世為人，但把我一生所有的眼淚還他，也償還得過他了。」就是這樣的相遇，哭溼了滿紙荒唐言的《紅樓夢》，哭累了人間多少淚。「一個是閬苑仙葩，一個是美玉無瑕。若說沒奇緣，今生偏又遇著他；若說有奇緣，如何心事終虛話？一個枉自嗟呀，一個空勞牽掛。一個是水中月，一個是鏡中花。想眼中能有多少淚珠兒，怎經得秋流到冬，春流到夏！」（曹雪芹〈枉凝眉〉）這種有緣相遇，卻無法終「圓」，最最令人心碎神傷。

電影《北京遇見西雅圖之不二情書》，描述兩個不同地方的人，不同個性、不同職業，生活遭遇也不一樣，但莫名其妙的因為一本不該存在的《查令十字路84號》，竟讓生活交疊在一起，由鄙棄、漠視、無所謂，到最後竟成為一種依託，一種期待，一種生活的希望，於是不管電影內（虛構似真）或電影外（真實如虛），大家都在期待一場「相遇」，「相遇」是劇情主題，是整部電影後半段的關鍵，也引導觀影者進行一種浪漫的感動之旅。如果沒有「相遇」，電影與真實人生都無法結束了。雖然對以《查令十字路84號》為橋段的媒介有點不以為然，認為太牽強、太不可思議，但再仔細想想，有時候人生的「偶然與巧合」與之比起來也不遑多讓，也就信了這種相遇。

人生若只如初相遇，相遇以什麼為憑信

芸芸眾生，茫茫人海，擦身而過的何止萬千，有的人一輩子都不會遇到，有的即使遇到了也沒有感覺，甚至同一個辦公室多年，也只是泛泛之交，嬉笑怒罵有之，但在心靈上卻無交集，激盪不出火花。但有時一個不經意的眼神交會，卻如天雷勾動地火，一發不可收拾，像兩個來自不同星空的流星在此生此時交會，即使相撞灰滅，也有燃燒一瞬間的快感。我本只是天空裡的一片雲，偶而投影在你的波心，開始是輕輕泛起漣漪，接著是捲起千堆雪、

萬重浪，簡單的「相遇」也可以是驚心動魄的。

是誰說過：「擦肩而過是一種遇見，刻骨銘心是一種遇見。有很多時候，看見的，看不見了；記住的，遺忘了。無論在對的時間遇見錯的人，還是在錯的時間遇見對的人，對於心靈，都是一次歷練。」你有這樣的相遇嗎？

每一次相遇都是奇蹟，相遇可以激情，也可以天長地久，永遠相信情與情的相遇最美，因為它們會產生感動。當徐志摩與林徽因初遇，注定是「偶然」，注定成就「人間四月天」，注定「我懂你像懂自己一樣深刻」，注定一方一定點頭說「我信」，注定傾整條康河作為彼此的記憶與信諾，即使最後化為灰滅，情在心中，情在永遠。

五月天的《如果我們不曾相遇》，唱得那麼自然，卻讓我感動。

人生若都只如初相遇，時光停在初遇那個moment，即使初遇之後隨即轉身，「一條寂寞的路便展向兩頭」，轉身那個身影還是令人流連萬端的；相遇是美，一個不經意的回眸，就是今生最美的風景。

天長地久，海枯石爛，《等待，是為了和妳相遇》（日本作家市川拓司的一部愛情小說，其後也有改編成電影），只是生生世世因緣不定，初遇又以何為憑？

張愛玲說：「蝴蝶是一朵花前世的魂，回來找她自己。」蝴蝶憑的是什麼能在初遇的第一眼就認出自己的前世，難道牠／她像李源與圓澤「三生石上舊精魂，賞月吟風不用論。慚愧故人遠相訪，此身雖異性常存」般就光以一個「微笑」為誌就夠了？

《麥迪遜之橋》(*The Bridges of Madison County*) 男女主角在人生行路中偶然相遇，最後雖然還是各自走向既定的路，只給熟男熟女留下些許「想像」式的衝撞，也引起大家對家庭／婚姻與情愛的討論，如果這個相遇故事發生在今天，結局會一樣嗎？

人與人的相遇不只情愛，志氣相投，如魚得水似的「相遇」，一樣令人感動。周文王渭水訪姜子牙，「吾太公望子久矣」，為之拖車，締造一步一國祚的美談；劉備三顧諸葛亮於隆中，初遇不成、二遇不成，第三次相遇，「諮臣以當世之事，由是感激，遂許先帝以驅馳。」雖無能匡復漢室，至少穩住三分天下。

〈虬髯客傳〉中記載紅拂女在楊素官邸初遇李靖，便決定夜奔他，理由很簡單：「閱天下之人多矣，未有如公者。絲蘿非獨生，願託喬木，故來奔耳。」好乾脆好果決，即使在現在，都不見得有這麼瘋狂的事；而虬髯客初遇李世民，「既而太宗至，不衫不履，裼裘而來，神氣揚揚，貌與常異。」就是一個簡單的「神氣揚揚，貌與常異」而已，虬髯客「見之心死」，從簡單的初遇便決定將來天下誰屬？英雄初遇果然明白俐落，相遇造就奇蹟，相遇產生傳奇。

相遇是偶然也是永遠

相遇雖是偶然，但當遷客騷人與大自然相遇，雖然大塊無言，煙景無語，但對「去國懷憂」者能無感乎？「清瑩秀澈，鏘鳴金石」的柳宗元初遇「西山」之奇的感覺是：「心凝形釋，與萬化冥合。」（〈始得西山宴遊記〉）看到鈷鉧潭西小丘之勝則是：「清冷之狀與目謀，瀯瀯之聲與耳謀，悠然而虛者與神謀，淵然而靜者與心謀。」（〈鈷鉧潭西小丘記〉）大文豪蘇軾初遇「赤壁」之江月清風，得到的哲思是「苟非吾之所有，雖一毫而莫取。」。與自然的初遇，或亂石奔雲，驚濤裂岸，捲起千堆雪，或許只是天清月明，天朗性空，「也無風雨也無晴」。但范仲淹相遇「岳陽樓」，得以「不以物喜，不以己悲」，能夠「先憂後樂」，這種相遇不只是文人或愛國者的胸襟而已，更是仁者的氣度，提升自己，也提升他者。

人間相遇最美，其中「師生」一場更是絕美之一。如果人生在尋找可以體貼你、照顧你卻不求回報的「貴人」，那麼師生關係就是。教育是以靈魂影響靈魂，以生命感動生命的相遇，陳幸蕙多年前就說師生相遇是「結善緣」，這是美，相對現在師道淪喪，尊師重道連口號都不是，實在可惜了這一場「善緣」。

白蛇乍遇許仙、崔鶯鶯相遇張生，人生相遇最美，在某個空間，一個眼神、一句話、一件事情，在彼此心中留下漣漪，從此注定「你是最美的相遇」，從此知道「原來人間的天堂是你！」於是你底心甘願化身千樹蝴蝶，獨自遙望那有他／她的地方。

我相信人生有些相遇是命中注定的，所謂人間最美是「相遇」，就是要你好好的，就是一輩子還不夠，我要乘願九百年再來。

另一種相遇

人生相遇，多是偶然，遇見各種美好，也遇見各種遺憾，最後都像千帆過盡，消失在煙波浩渺處。

人生相遇多是無從選擇，無法自我作主，但有一種相遇，可以自己作主，可以是必然，那就是與書本／知識的相遇。透過書本，我們與過去、未來相遇，透過書本，我們與更多的世界相遇，更重要的是，我們遇見更好的自己。

西諺說：「打開一本書就打開一個世界。」作者將智慧與感情化成文字，讀者將文字轉成知識與感悟。透過閱讀，讀者接觸到作者高尚的心靈，知道更多的事物，也擴展視野。

書本身就是一本象徵性的目錄，世界被濃縮在裡頭。透過讀書，我們可以跟著體驗他人的人生經驗，一起活過別人的人生，一起感動，這種原始的讀書態度每個人內心都有，閱讀的快樂也是由此開始。與書本相遇，我們公然地進入他人的世界與思想，不需打卡，不需「翻牆」，就能與他者共同擁有他的世界，出入他的交遊、心事，甚至靈魂，而且進出方便，與他同悲喜，與他同遊宇宙大荒，與他同銷萬古愁。

當你驚見林黛玉魂歸離恨天時，你同樣淚痕紅浥鮫綃透，恨不得化入書中，帶個瓷瓶一掬她的「瀟湘淚」；當你在「川上」初遇孔子，你可以邀他與蘇軾辯論「逝者如斯」，究竟「往」或「不往」。

如果你在瓦爾登湖邊漫步遇見梭羅(Henry Thoreau)，你可以與他印證「生長在雜草蔓生的林間小路上的香蕨木和木藍上的露珠會把你下半身打濕。叢生櫟的葉子泛光，好似有液體在上面流過。透過樹木看見的小塘像天空一樣滿是光亮。……你見到月光從森林深處一個個樹樁上返射回來，彷佛她在照耀萬物時有所選擇，她的星星點點的光芒使人想起一種叫做月亮籽的植物——似乎是月亮把它們種在這些地方……」的情境。

你也可以在「永州」遇見柳宗元，在「赤壁」遇見蘇軾，當然，你也可能在康河的倒影中遇見徐志摩與林徽因，然後用一支長篙撐破他們的「四月天」。

或許你會在搭火車時不期而遇哈利波特 (Harry Potter) 一行人，然後一起去大戰佛地魔；你也可能在不經意間撿到一只「魔戒」，然後展開一段奇妙的中土大陸探險。

或許你會在某個黃昏不小心闖入戴望舒的「雨巷」，然後看你是要撐著容子的「傘」，「頂著單純兒歌的透明音符」活在「自在自適的小小世界」中，還是你喜歡瘂弦的「傘」，聽「雨們，說一些風涼話」，或許你只喜歡羅門「走成一個個／孤獨的世界」的「傘」，靜靜冥想著或許這也是一種「頂天立地」的小確幸。

或許你喜歡旅遊，就會在古巴與海明威（Ernest Hemingway）相遇，你可以旁觀「他」與馬林魚奮戰的過程，如果不忍心，還可以幫他早一點把馬林魚拉上來，更可以協助他一起守住辛苦的成果，免得戰利品被鯊魚半路攔截，前功盡棄。

或許你會邂逅鄭愁予等成「金線菊」的「情婦」，然後以「達達的馬蹄」踩出一段最美麗的「錯誤」，因此不得不在「是風，是雨，是夜晚」的時候讓「一條寂寞的路便展向兩頭了」，也讓「賦別」在「黑暗」中真的成型……。

與書相遇，讓你穿越古今，漫遊無邊無際的時空，你會邂逅「小王子」，陪他共同守護那朵「玫瑰花」；年輕時誰不寂寞、孤單、蒼白？當你「十七歲」時巧遇「少年維特」，你不用懷疑，更不用害羞，因為你與他都擁有一樣的煩惱；同樣地，當你已到垂暮之年，你也不必因為在「威尼斯」巧遇、愛上俊美如希臘雕像的波蘭少年而靦腆，因為那都是天性，那都是「自我」的一部分；若你喜歡流浪，或是喜歡自我放逐，你可能會相遇卡繆（Albert Camus）的「異鄉人」、白先勇的「臺北人」，在「布拉格之春」、在「挪威的森林」……。

與書相遇，或許「記憶似水年華」，但你會發現「往事並不如煙」，而是那麼的真實。

張潮《幽夢影》說：「讀經宜冬，其神專也；讀史宜夏，其時久也；讀諸子宜秋，其致別也；讀諸集宜春，其機暢也。」但是真正的閱讀應該不分時地，隨手摭拾，一卷在握，快樂勝神仙。如果某個季節才適合看什麼書，或只看特定類型的書，想必會錯過很多好書。

《文心雕龍・知音》說：「聽千曲而後知音，觀千劍而後識器。」〈神思〉說：「積學以儲寶，酌理以富才，研閱以窮照，馴致以懌辭。」與書相遇，鑑賞力提升，人生境界也跟著提高，生命閱歷也將從有限延伸到無限。與書相遇，尚友古今中外的人，暢遊「無何有之鄉」，這將是人生一段最如真似幻的因緣。

與人相遇，開啟豐富的情感，創造人生許多奇蹟，讓生命更值得回憶；與書相遇，增加生命的寬度、厚度，讓人生更多悅樂的源泉。

沒有「相遇」，人生將是孤單、寂寞、平凡、無味、單調、沒有希望。人生有味是清歡，因為，人生有各種美麗的「相遇」。

珍惜緣分，相遇更久

每一個相遇可能是幾千幾萬個錯過，沒有人是無緣無故出現在你生命裡的，每一個人的出現都有原因，都值得感激；遇到喜歡你的人，給你溫暖和自信；遇到你喜歡的人，讓你學會愛和關懷；遇到你不喜歡的人，他教會你寬容與尊重，遇到不喜歡你的人，讓你學會自省與成長。

珍惜溫度，相遇更美

相遇不拘一時、一地，尚有古人、結交「網友」都是，但是相遇的動人在於眼神的相會或擦肩而過終於執子之手留下的溫度，所以走出電子產品的框限，你才能感受相遇的溫度留下的震撼。

打開心胸，相遇更多

相遇不拘形式，無法預測；相遇無跡可求，電光石火，成住壞空只在人間，偶然不斷，因此，打開心胸，隨時做好相遇可能。

人間相遇最美，因為它來自無法預料，因為它來自羚羊掛角，因為它是「一期一會」，無法複製。

人間相遇最美，因為它是奇蹟，無法強求。

人間相遇最美，開始可能只是一個不經意，但漣漪擴大，成就永遠，成就美好。

為了相遇，等待是值得的。

人間難得是相知

相知很難

如果人間最美是相遇，那麼人間難得就是相知。

相遇是浪漫，是緣分的開始；相知則是理性的判斷，是緣分的持續；相遇是一個瞬間，相知則是一世。

或許相遇不一定相知，即使相愛的人也不一定相知，相知不一定相守，相守不一定長久，可見相知何其難，所以《九歌》才說：「悲莫悲兮生別離，樂莫樂兮新相知。」把「相知」當作人生極樂，一旦相知相惜，心有所屬，以身以命，注定你就是一生的朋友或愛人。《古詩十九首》：「不惜歌者苦，但傷知音稀。」正是說明「相知」之難。

其實每個人都在追求一種「被懂」的感覺，甚至窮一生都在尋覓一個可以苦你所苦、痛你所痛、在乎你的在乎、了解那些對你來說糾結又矛盾的情緒的人，換言之，就是在找一個「相知」的人。

然而人生不相知，卻像永恆燃燒的太陽，不懂那月亮的盈缺，更像白天不懂黑夜，不相知的人分別站成兩個世界，那怕是你所從出的親骨肉，那怕是你婚約的一半，不相知就是不相知，像迢迢牽牛織女星，像參與商，所以如果要問人間最遠的距離是什麼，不是偶像劇或小說寫的「我站在你面前，你卻不知我愛你」，而是兩個在一起卻不相知的心靈。

相知不限對象，可以跨越時空

杜光庭的〈虬髯客傳〉是一篇豪俠類唐人傳奇，其中記載紅拂女夜奔李靖，依附絲蘿，這在古代是一種「驚世駭俗」的事，但從另一個角度來看則是佳人對英雄的相知。

相知不一定是朋友，有時「敵人」也可以是「知己」，甚至比「朋友」更了解你。諸葛亮〈悼公瑾〉：「嗚呼公瑾！生死永別！樸守其貞，冥冥滅滅，魂如有靈，以鑑我心：從此天下，更無知音！嗚呼痛哉！伏惟尚饗」，是對可敬的對手的痛惜，是「瑜亮」相爭之外的另一種「棋逢對手」的相知。

二〇一六年金馬獎大贏家之一，且創紀錄同時產生兩位最佳女主角的《七月與安生》，該片根據作家慶山（安妮寶貝）的同名小說改編，講述「七月」和「安生」兩個女孩從十三歲開始相識相知結為摯友，並相伴成長的動人故事。兩個本是無邪的摯友，經過人生諸多波瀾與意外，最終甚至活成對方，夠「相知」了吧！但是有一次七月躺在安生床上對她說「我恨過妳，但我也只有妳」，這是相知卻又是多麼無奈與刻骨，該恨？該愛？還是糾結難清？電影海報上「愛人姊妹，仇人知己」一語道盡。

俄羅斯音樂家柴可夫斯基（Pyotr Ilyich Tchaikovsky）和梅克夫人（Nadezhda von Meck）通信十三年，卻從沒見過面。梅克夫人在信中說：「我們的靈魂在互相觸摸、對視、交談，您和您的音樂，每時每刻都在輕叩我的靈魂。」柴可夫斯基也把梅克夫人視為唯一的紅顏知己，並專門為她寫了傳世名作《第四交響曲》和《悲愴交響曲》。在一封一八七八年三月左右的信中，梅克夫人訴說著她因柴可夫斯基的音樂引起的心靈共鳴：「在你的音樂中，我聽見了自己，我的氣質、我的感情的回聲，我的思想，我的悲哀。這樣，我怎麼能夠不照顧你呢？我們只是在距離上是遙遠的；但是此外我們幾乎等於一個人，我們對每件事物都有同感，而且是同時……。」

這是跨性別，不必見面，也可以相知。

新海誠編導的日本動畫電影《你的名字》，不管在哪裡都打破票房紀錄，有人說它是一部純愛的電影，有人看到涕淚滂沱，但是在我看來，這份純愛就是相知帶來的，透過靈魂／身體交換，完全「活」成對方，進入對方的生活圈，了解對方的祕密，這該夠相知了吧？

這是跨越時空也可以相知。

愛情，不管以何種形式出現，都是感人的，因為其中的真愛總是加上相知相惜，不以隱約而改變初衷，不以康樂而加思，不因年齡而易志，才讓人動容。

《最後相愛的日子》（*Film Stars Don't Die in Liverpool*）改編自英國演員彼得特納（Peter Turner）的回憶錄，描述奧斯卡女星葛洛莉亞葛拉罕（Gloria Grahame）在倫敦與小演員彼得特納墜入愛河，彼此相知相惜，攜手度過最後相愛時光的故事。

葛洛莉亞是四〇、五〇年代好萊塢知名女星，外貌美豔性感，常飾演讓人神魂顛倒的蛇蠍美人，曾在一九五二年以《玉女奇男》(*The Bad and the Beautiful*) 贏得奧斯卡最佳女配角，後來因為轉型沒成功，加上被傳出會排擠同劇其他演員，因而形象大損，聲勢下墜，不得不逐漸淡出影壇，最後遠避英國，企望從舞臺劇重新出發。

天性多情的她與住在隔壁的小演員彼得墜入情網，即使兩人年齡相差二十九歲，彼此依然愛得火熱難分難捨，一直到她發現癌症復發，為了不想拖累彼得特納，她決定隱瞞病情，提出分手，彼得只好黯然離開。三年後，重病的葛洛莉亞在演出前倒下，她不願去醫院治療，彼得接受她的要求，帶她回利物浦的老家靜養，在彼得溫暖的守護及父母全心地照顧下，葛洛莉亞得到最後的歡樂與寧靜，結束電影／戲劇般的一生。

這種相知跨越年齡。

人的相知就是這麼奇妙，可以跨越性別、年齡，可以穿越時空。

相知，是樂；不知，是苦

一直喜歡蘇軾，喜歡他的「全才」是原因之一，但朝雲幫他加分不少。

朝雲是蘇軾的紅顏知己，是蘇軾在人世寒涼之際與之溫暖相偎的女人。當大家都說蘇軾滿肚子的文章與學問之際，唯有朝雲「敢」說也不避諱地說「學士一肚皮不合時宜」，如果不是「無知」、「嬌寵」，那就是真的「相知」，真的了解，也說明因相知而有的「分量」；而蘇軾大笑曰：「知我者朝雲也！」是肯定、是期許，更是被了解的快慰。

聽說朝雲喜歡蘇軾的〈蝶戀花・花褪殘紅青杏小〉，但又感於詞中「枝上柳綿吹又少，天涯何處無芳草」寄託的人生悲情而常常慟哭不能自已，她死後蘇軾竟「終生不復聽此詞」，這也算是對「相知」的酬報吧！

《論語・微子》記載長沮、桀溺耦而耕，孔子過之，使子路問津的事，長沮調侃孔子「是知津矣」，桀溺更直接要子路「與其從辟人之士也，豈若從辟世之士哉。」子路回報結果，孔子也只能憮然曰：「鳥獸不可與同群，吾非斯人之徒與而誰與？天下有道，丘不與易也。」所謂「道不同不相為謀」，這其實就是彼此不「相知」，也說出「被知」的困難。

被了解固然不易，了解別人又何嘗簡單。孔子周遊列國，被「誤解」當然不只一端，但他也曾「誤解」過他最得意的門生顏淵。《呂氏春秋・任數》記載：「孔子窮乎陳、蔡之間，藜羹不斟，七日不嘗粒，晝寢。顏回索米，得而爨之，幾熟。孔子望見顏回攫其甑中而食之。選間，食熟，謁孔子而進食。孔子佯為不見之。孔子起曰：『今者夢見先君，食潔而後饋。』顏回對曰：『不可。嚮者煤室入甑中，棄食不祥，回攫而飯之。』孔子歎曰：『所信者目也，而目猶不可信；所恃者心也，而心猶不足恃。弟子記之，知人固不易矣。』」孔子周遊列國，在去陳國和蔡國的路上潦倒，連野菜湯也喝不到，七天未吃一頓飯，實在餓得沒有辦法，只好白天睡大覺。顏回出去討點米回來煮飯，等飯快要煮熟時，孔子看見顏回從鍋裡抓起一把飯吃了，孔子假裝沒看見。過一會兒，飯煮熟了，顏回端飯給孔子吃，孔子站起來說：「今天我夢見死去的父親，飯如果乾淨，我來祭奠他。」顏回說：「不行，剛才有煤灰掉進鍋裡，我覺得扔掉可惜，就把它抓起來吃了，這飯不乾淨。」孔子聽完感嘆說：「我信任的是眼睛，可是眼睛也不是可以完全信賴；我所依靠的是心，可是心也不足以完全依靠。弟子們要記住：認識了解一個人真不容易啊！」孔子被「誤解」，他也誤解顏淵，可見知人、被知一樣難。

所謂相知就是「一腔熱血只賣與識貨者」，《水滸傳》傳達的「忠義」精神就是一種可能不問是非的「兄弟情」，只要是「老大」的決定，大家就一致奉行，這是一種我稱之為「假性」的「相知」；劉邦訪賢，重用韓信等人，一旦功成，「兔死狗烹、鳥盡弓藏」，這不是相知，是利用。劉備「三顧茅廬」是對諸葛亮的相知，孔明回報「鞠躬盡瘁，死而後已」；相知的關鍵在是否始終如一，是否相惜。

屈原正道直行，竭忠盡智以事其君，可惜信而見疑，忠而被謗，「世既莫吾知兮，人心不可謂兮。懷情抱質兮，獨無匹兮。伯樂既歿兮，驥將焉程兮？」最後只好「怨懟沉江」，其他類似例子不少。

多少英雄豪傑與仁人志士總不被「相知」，不是「浮雲蔽白日」，就是「王聽之不聰，讒諂之蔽明，邪曲之害公，方正之不容」，總之，不管懷抱經世濟民之志或解民倒懸之心，一旦「不才名主棄」，最後不是「歸臥南山陲」，就是只能賦予「忍把浮名，換了淺斟低唱」了。

古代許多賢智有能者，不管是透過科舉取士或「終南捷徑」或「登幽州臺」或「渭水聘賢」或其他「欲迎還拒」方式出仕，說穿了，就是等一個「明主」的相知。

相知，相知，有人一生只求一伯樂，讓自己可以拋卻滿腔熱血與一身肝膽，但人間伯樂真的不易尋。

相知就更要相惜

《史記・管晏列傳》記載兩段相知相惜的故事。

晏子有次在路上，以左驂贖救越石父，因為知道他是賢者，於是把他載回家，一到家卻兀自進屋而不理越石父，於是越石父請求離開，理由很簡單，「吾聞君子詘（屈）於不知己而信（伸）於知己者，……知己而無禮，固不如在縲紲之中。」意思是說你既然知道我，是我的知己，卻又不珍惜我，不如回去被關好了，晏子於是延入為上客；可見相知就要相惜，不然就算了。

另一段是大家耳熟能詳的「管鮑之交」，包括「管仲貧困，常欺鮑叔，鮑叔終善遇之，不以為言。」「(管仲)與鮑叔賈，分財利多自與，鮑叔不以我(管仲)為貪。」「吾(管仲)嘗三仕三見逐於君，鮑叔不以我(管仲)為不肖，知我(管仲)不遭時也。吾(管仲)嘗三戰三走，鮑叔不以我(管仲)為怯，知我(管仲)有老母也。」更重要的是鮑叔推薦管仲給小白(齊桓公)，而以身下之，管仲一句：「生我者父母，知我者鮑子也」，道盡鮑叔牙對管仲相知相惜之情。其他所謂的「八拜之交」、「伯牙絕弦」，說穿了，也是相知的故事。

西方靈河岸上三生石畔的絳珠仙草，時有赤瑕宮神瑛侍者日以甘露灌溉，這絳珠仙草便得久延歲月，最後轉世入紅塵，以一生的眼淚相酬，這是跨物種跨時空的相知，所謂「一把辛酸淚」無非由相知相惜而來，那最後的「魂歸離恨天」只是相知相惜到最後的無可奈何。

楊絳與錢鍾書是民初知名相知相惜的作家夫妻，既是愛情和生活上的神仙眷侶，也是文學和志業上的最佳知己，經過抗戰、文革，始終患難與共，生死相伴，楊絳曾說：「我一生做過各種工作：大學教授，中學校長兼高中三年級的英語教師，為闊小姐補習功課，又是喜劇、散文及小說作者等等。但是每項工作都是暫時的，只有一件事終身不改，我一生是錢鍾書生命中的楊絳。」「我愛丈夫，勝過自己。我了解錢鍾書的價值，我願為他研究著述志業的成功，為充分發揮他的潛力、創造力而犧牲自己。這種愛不是盲目的，是理解，理解越深，感情越好。相互理解，才有自覺的相互支持。」因為相知相惜，他們成為「患難夫妻」，也才能一起度過「患難」。

相知要經得起考驗

智慧手機時代，每個人都在用簡訊或類似 Line 的通訊軟體溝通，但是每個人也都想盡辦法保存私密，擔心個資外洩。假如一群朋友在一起，大家決定公開所有的通信（訊）內容，你同意嗎？還是希望藉此一窺朋友的「祕密」？一旦「個資」公開，又有誰經得起考驗？

義大利格諾維瑟 (Paolo Genovese) 導演的電影《完美陌生人》(*Perfetti sconosciuti*)（韓國版《親密陌生人》(*Intimate Strangers*) 演的是同樣的故事），

說的是七個好朋友（三對夫妻與一個單身赴約的好友）聚在一起吃晚餐，忽然有人提議將手機放在桌面上，任何電話、訊息進來都公開一起分享，由此許多祕密開始公布，而他們之間的關係也開始發生波動，彼此之間的關係產生質變，本來以為熟悉相知不過的人，原來隱藏這麼多的「祕密」；本來以為很熟悉很了解的人，現在才知道，原來我和他「不熟」；本來認定為「知己」，現在才知道他只是一個「陌生人」。最終只因一個分享手機訊息的小遊戲，感情就徹底破裂……。

電影最後，大家一起走出屋外，月蝕消失，一切又「恢復如常」（繼續「偽裝」？），但是現實中若要玩「真心話大冒險」，結果可能就不一定了；你要接受這種「相知」的考驗嗎？

時間讓我們體會到，重要的不是你交了多少朋友，而是明白哪些朋友才是真正「相知」的。

動心，不難；刻骨銘心，才難。難在由相識到相知，由相知到相惜。

相知不一定在一起

當人生最谷底、最不堪的時候，如果出現能夠相知相惜，能夠苦中作樂，能夠令人破涕為笑，成為彼此後盾，共同砥礪，一起攜手走向夢想的「知己」，此時該有多好？

叫好又叫座的電影《樂來越愛你》，講述為了圓電影夢而委身洛杉磯咖啡館，不斷參加試鏡的女主角與落魄的爵士鋼琴家男主角相遇相知，相愛相惜，一起在充滿可能的洛杉磯互相扶持，追逐夢想的故事。他們的相知是鼓舞他們繼續前進的力量，可是當有一天，當初的「夢想」實現了，理念與環境的改變卻促使他們分手，此時不知讓多少觀影者潸然與椎心。

多年後男女主角意外在男主角開設的爵士餐廳重逢，在一片沉寂後，男主角輕輕地滑動琴鍵，是初相遇時的那首歌，在掩抑與傾吐中，道盡多少相知與思念。導演刻意安排另一種假設劇，假設當初他們的選擇不同會是如何？透過美好的想像與重構，短暫「安慰」觀眾失落的心。當一切回到現實，幾近定格的畫面上，男女主角遙相望，眼中脈脈注視對方，男主角微微頷首，女主角則淡然一笑後轉身，眼神與微笑中流露過往的相知與相惜之深，從此一條相知卻相異的路展向兩頭……。電影結束，但多少觀影者留駐不斷往上奔跑的字幕，隱約的抽搐聲中，宣告一段相知卻無法終老的遺憾……。

同情理解，相知更深

將心比心，不只勝過佛心，更是相知的開始。

詮釋學大師高達美(Hans-Georg Gadamer)強調，唯有同情使真正的理解成為可能，同情的理解讓相知更深。換我心為你心，始知相「知」深。

真誠無機，相知更純

所謂「至誠無息」、「鷗鷺忘機」，至誠無機的心是廣大透明的，能反照彼此心靈的天光雲影，彼此交會相容，你儂我儂，相知自非難事。

默契珍惜，相知更久

如果真心，把握相識契機，其實相知只在一個簡單的動作或一句關懷。
心若相知，無言亦默契。
相識開啟人際初步關係，相知讓彼此更加珍惜，珍惜讓情到深處無怨尤，天長地久有時盡，相知綿綿無絕期。

人間難得是相知，但相知並非不可能。
由相遇到相知、相惜，到相愛，是人生最幸福與圓滿。

你的「少男／少女時代」需要「愛情」嗎？

愛情好美

青春純愛電影《我的少女時代》雖已下片許久，但帶給大家的「餘韻」和「回味」則尚未消歇。不知道有多少人信服「男孩不壞，女孩不愛」、「女孩不傻，男孩不愛」這種表面清純卻有點「沙豬」的論調，但是一股「純愛」氛圍正悄悄地蔓延在每個「曾經」或正「年輕」的少男／女身上。

不只《我》片，所謂的「純愛」電影一直都不缺。

「愛情」——不管「純」度如何，總伴隨人性的弔詭與辯證（說不在乎才最在乎，說不難過才最難過，說討厭卻是愛），是「厚黑」，也是「莫非」。

日片《明天我要和昨天的妳約會》是一部暖心的愛情故事，女主角和男主角的時間走向是完全相反的，男主角的第一次，是女主角的最後一次，男主角的未來，就是女主角的昨天，即使敘述觀點轉換，男女主角的「下場」還是互為第一次／最後一次，這種交錯比《班傑明的奇幻旅程》(*The Curious Case of Benjamin Button*) 更令人揪心，因為《明》片的男女主角跟正常人一樣，從年輕活到老，而他們的時間走向卻是完全反方向，男主角昨天發生的事對女主角來說都是未來式，反之，男主角未來發生的事對女主角來說都是過去式，當電影最後男主角搭訕女主角時問她：「明天我們還能再見面嗎？」不知淚溼多少人。

這就是「愛情」。

青春愛情是純還是蠢？

「愛」是美麗的，否則古往今來怎麼會有那麼多的愛情故事？每次英國王室舉辦婚禮，都是舉世矚目的焦點，不是因為誰「麻雀變鳳凰」，不是王子與公主終成眷屬，而是「愛情」本身的魅力。

以前曾有人想跟我借學校門口，在那裡鋪排求婚的心形蠟燭，因為他女朋友就住在對面大樓上，只要他女朋友開窗，就可以看見他的「愛」，當時聽了真感動，真想借給他，不過考量大門口車來人往也就作罷，事後回想，在「愛情」之前，人人都是自私的，我沒有借他，是否「以公害私」，破壞了一段「愛情」？

有人為了「愛」拋棄「王位」，也有人為愛走天涯，更有人為「愛」與親人斷捨離。一旦愛上了，管你是「強盜」、「土匪」，即使囹圄是洞房，我依然甘之如飴。

曾在西門町看過一幕「街頭劇」，一個類「真心」或「沈佳宜」的「純／蠢」女孩緊抱一位長相類「太宇」的男孩（很抱歉，回想起來，每個青春時代的「少女／男」長得都差不多）的小腿，嘴中呢喃著要「太宇」不要走，「太宇」則不耐煩地繼續「推踢」少女，想要「甩」開她，讓旁邊的我都起了「不忍」之心，可是「鬧」了半個多小時後，卻見「真心」又高興地挽著「太宇」從我面前揚長而去，留下一臉錯愕的我。

更早前，在服務的國中，午休時刻赫見一對更年輕的「少女／男」坐在教室內擁吻起來，旁邊是一群鼓譟的同儕。或許他們正在演出一段更青春版的《曼哈頓奇緣》(*Enchanted*)，但不是所有的「愛情」都能深深的守住那「十二點」的紅線，而如此「美好」。當時也曾不斷聽聞為「愛」殉情的故事，還沒完全綻放的青春，因某些無奈或細故，竟讓自己成為最讓人惋惜與不捨的「墜樓人」，這些屬於青春的愛情開始讓我好奇與不解。

別讓親密愛人化身恐怖情人

近年「恐怖情人」事件頻出，造成人心惶惴，一把刀子不僅戳破曾經親密的兩人，甚至奪走生命，真叫人情何以堪？

二〇一七年十月二十日凌晨，臺大校園發生駭人命案，傷人者在潑酸、持刀追殺情人數百米後割喉自刎身亡，而傷人又自盡的凶手就是甫由臺科大碩士班畢業的張男。

二〇一八年五月二十九日，「17直播主」邱女慘遭前男友廖男砍殺四刀，廖男竟稱自己對邱女「一往情深」，而臉書追蹤的清一色幾乎都是正妹網紅，廖男訊後依殺人罪嫌送辦。

二〇一八年五月三十一日，臺大高材生黃女遭健身教練朱男殺害、分屍。為何又是年輕人，為何又是「臺大女」、「高材生」？年輕的生命本是風華正盛，有愛情的滋潤更是鮮豔欲滴，集人生眾美於一時一身，可是瞬間「風雲變色」，花謝人殘，人生不再美麗，生命不再花豔。

很難相信，「曾經，愛是唯一」，感情曾那麼好的兩人，可以上太空為你摘星星，可以下海為你撈月，怎麼一夕之間竟成為「人魔」？是自己識人不明？還是人心「深不可測」？或者感情竟是如此不堪，不值得相信！我們不是常說「愛別人，也被別人愛，這就是一切，這就是宇宙的法則。為了愛，我們才存在」嗎？如果連人生最浪漫美麗的「愛」都不能信，那世界還有什麼可堪一信？所謂「情到深處無怨尤」，怎一個轉身竟是「愛之欲其生，分之欲其死」呢？所謂「世間情」難道是這樣嗎？「愛」是美，「愛」也是醜，我們不禁要問：「愛情！愛情！多少罪惡假汝之名以行」，「愛情」是至高神聖無二的幸福，但「愛情」也是人間最醜陋的殺手。

俄國唯物主義哲學家、文學評論家、作家車爾尼雪夫斯基（Nikolay Chernyshevsky）說：「愛意味什麼？意味著為他幸福而高興，為使他能夠更幸福而去做需要做的一切，並從這當中得到快樂。」可是這個曾經信誓旦旦要給我幸福的人，卻也是撕毀我幸福的人！

恐怖情人的產生，有一個重要因素是「尊重感」的消失。熱戀中的兩人常以「君（卿）」為尊，以對方意志為意志，以對方所愛為所愛，甚至愛屋及烏，去愛與對方有關的一切，簡直就是「老吾老以及人之老，幼吾幼以及人之幼」的具體展現，此時世界多祥和。然而一旦兩人分手，之前的「尊重」頓時消失，反而「變本加厲」要討回過去的「愛」，過去的「愛」有多深，現在的「恨」就有多重，這是「見不得對方好」的心理在作祟。我不鼓勵過度強烈的愛，因為占有欲太強，愛得太深的人，若其他心理素質不夠，最易產生「恐怖」行徑。當「愛」鋪天蓋地，「恨」也可能摧枯拉朽。

學會處理分手時再戀愛

「失戀」常伴隨「失意」、「挫折」而來，而處理的態度與結果和個人的EQ及挫折忍受度有關。我常鼓勵學生廣交一般朋友，不要在中學階段就急著將感情「定於一尊」。我跟學生說不是不相信他們「愛」的能力（天曉得現在年輕人在求「愛」時多有創意，他們「愛瘋」的情況是LKK者望塵莫及而要引以為師的），而是不相信他們不愛之後分手的處理能力，當時我沒說出來的話是：「等你們學會處理『分手』時再來戀愛。」

學會如何相愛很重要，學會如何不被傷害更重要。

要記得，芸芸眾生，「幸福不是故事，不幸才是。」

六個愛情先修學分

感情是人間最甜美的東西，但感情萬端，卻沒有SOP。如果問我何者誕生宇宙，我一定說是「愛情」，如果再問我何者毀滅宇宙？我一定答以「分手」。愛是全宇宙最弔詭，最讓人歡喜讓人憂的「怪物」。少男／女時代的你是否需要一段愛情，你果真想清楚、做好準備了嗎？

不必急著定於「一尊」

愛情有各種「自變項」與「依變項」，先廣交一般朋友，情緣一到，「白馬王子」或「白雪公主」自然出現；經過「比較」的愛容易「堅如磐石」。

要獲得祝福

偉大的愛情常特立獨行，但也常「眾」敗俱傷，「微塵眾」談情說愛還是以獲得眾人祝福為要，獲得「認證」的愛，萬一不能「天長地久」，至少容易有後盾與支撐。

先學會「分手」，再安心「牽手」

愛情無全順，一旦「愛已成往事」，整個人由雲端摔落泥壤，往日的甜蜜變成今日悔恨的「王水」，極端者由兩情相「悅」變成兩情相「刖」，不是你死就是我亡，甚至「玉石俱焚」，造成無法挽回的傷害。因此建議：不管被愛或愛人，以不傷人害己為最高指導原則。

虛實不一樣，隔著螢幕差很多

虛擬世界和現實差很多，尤其是篤信「外『貌』協會」的人，須知「眼見為憑」是網路時代最高圭臬。

獻身非良策，「清純」才是「美德」

人生像條長河，每個階段各有美麗的風景，也都有該做的事，不必急著「超車」，否則人生將提早無味，只有無趣，不是追求更多的刺激來滿足，就是分手。

愛情不能盲目，「恐怖」一定有徵兆

愛情最美，為愛拼卻一切最轟烈，但在「青春無敵」、「生命至上」的前提下，愛情也可拋，尤其碰到「恐怖情人」時，精神靈魂可以同在，但身體與生命能跑多遠就跑多遠，畢竟失去生命，愛情也不會存在。

愛情可以包容但不能盲目，愛情可以打罵，但不能變成「恐怖」，在享受愛情的當下，也要勤於「發現」對方恐怖的徵兆，適時及早轉身，生命才能存續，真正的愛情才能常在。

情或許不知所起，有沒有一往情深沒關係，但絕不能讓情根一點成為無生債，愛人不成反成傷人。

當「愛」來了，什麼都有，但不能沒有了「自己」。

如何與「小人」做朋友？

人生何處無「小人」？

若問人生最怕什麼？我會告訴你，人生最怕「小人」。「小人」在側，眾法難除，「小人」隨身，萬藥難治。寧願痼疾纏身，也不要「小人」在旁。

小人可以「除」嗎？

許多命理師或書都在教大家如何防小人，可見小人已氾濫成災，令人恐慌。

我曾到港澳參訪，順道參觀灣仔鵝頸橋底的「打小人」活動。導遊一直慫恿我寫出心中的「小人」，只要經過作法並用鞋子「搥打」，「小人」便會退避，從此撥雲見日，再無衰事。但是幾經考慮，覺得真正的「小人」魔法高強，非一般「法術」可除，加上讀聖賢書，學聖賢事，決定「以德報怨」，放過「小人」。

人生到處有「小人」，比「過江之鯽」還多，包括擬真的各種表演節目。以前很不喜歡看連續劇，尤其是本土劇，不是「看不起」這些劇的水準，而是這些連續劇不管有多少集，「好人」一定要被「虐」、「整」、「含冤莫白」、「千辛萬苦」到最後一集，而「壞人」、「小人」則「吃香喝辣」、「囂張」、「得意」到最後，甚至是最後一集的幾分鐘才「得到報應」，此時如果「小人」稍微後悔一下，所謂「浪子回頭金不換」，「好人」還必須原諒他們，不然怎麼叫做「好人」？除非「小人」、「壞人」表面「改過」，下跪「道歉、懺悔」，其實是趁「好人」正要彎腰扶起他來，或是轉身離去之際，突然耍「陰招」，才會「意外」被「好人」或「小人」自己刺死，否則「小人」最後幾乎還是活得「好好」的。

以上這種情節幾乎出現在以前的所有連續劇中，現在雖然有點「改善」，不過也差不了太多，好像沒有小人「作亂」，劇就沒有人看呢！我常在想，戲劇或者應該說「觀眾」為何總喜歡讓「小人」囂張那麼久？

在這樣的戲劇「薰陶」下，無怪乎有小學生的「志願」是當黑道大哥了，因為黑道大哥坐黑頭車，出入有眾多「小弟」簇擁，而且衣著光鮮亮麗（刻板印象是穿黑西裝、戴墨鏡），更令人稱羨的是身邊常有「辣妹」陪伴，反之，好人哪有這種「待遇」？君不見這就是所謂的公共媒體的「教化」，所謂「教壞囝仔大小」，違背「教育精神」是也。

戲劇不看，「小人」自然不存在，但現實中「小人」卻多如蚊子，驅之不盡，隨時讓你又黏又癢。

何謂「小人」？

「小人」的定義很難說，因為類型太多，且隨時代不同，「小人」也「與時俱進」，我們可以說自有「生物」以來就有「正」、「邪」大戰，只要「生物」還在，「爭鬥」就永無止休。不過不管「小人」如何「蛻變」，基本型態是不變的，而且在《論語》或孔子的時代幾乎都概括提到，你不能不佩服孔老夫子的「先見」，或許他也曾是「小人」的受害者，故感觸特別深吧！

所謂「小人」大概就是：

- 貪圖利益與生活享受者（「小人喻於利」、「小人懷土……小人懷惠。」《論語・里仁篇》）
- 結黨營私者（「小人比而不周」《論語・為政篇》）
- 表裡不一者（「小人同而不和」《論語・子路篇》、「小人於為亂之上，相愛也，退而相惡。」《孔子家語・顏回》）
- 文過飾非者（「小人之過也必文」《論語・子張篇》）
- 患得患失者（「小人長戚戚」《論語・述而篇》）
- 驕傲不安泰者（「小人驕而不泰」《論語・子路篇》）
- 不願成人之美還喜歡扯後腿者（「君子成人之美，不成人之惡，小人反是。」《論語・顏淵篇》）
- 不知反求諸己，只求全責備他人者（「小人求諸人」《論語・衛靈公篇》）
- 可以邪道取悅者（「小人難事而易悅也，悅之雖不以道，說也。及其使人也，求備焉。」《論語・子路篇》）
- 不能擇善固執，遇到困窮就胡為亂作者（「小人窮斯濫矣」《論語・衛靈公

篇》）

・不知敬畏天命，親狎大人，輕侮聖人之言者（「小人不知天命而不畏也，狎大人，侮聖人之言。」《論語・季氏篇》）

・日趨下流者（「小人下達」《論語・憲問篇》）

・沒有愛心者（「未有小人而仁者也」《論語・衛靈公篇》）

・無所不為者（「小人不恥不仁，不畏不義，不見利不勸」《易經・繫辭下》）

・善於嫉妒者：東坡何罪？獨以名太高。（蘇轍語）

因此孔子說「唯女子與小人為難養也，近之則不孫，遠之則怨」，針對「小人」來說是有道理的。

「小人」是無所不在的，尤其是競爭激烈，「贏者全拿，輸者歸零」的地方，加上主管識人不明、制度不全、資訊不夠公開、正義無法伸張、成員怕事之處，更是「小人」孕育的最佳溫床，只是有人受害輕微，有人則連小命都不保。

編纂《昭明文選》的昭明太子蕭統，原來身邊有一個太監叫鮑邈之，頗得信任。蕭統母親病故不久要做「生忌」，需要一太監值宿一夜，太子便讓他去，不料他竟擅離職守，跑去和宮女鬼混，正巧被蕭統巡視時撞見，蕭統寬厚，沒治他罪，只是較前疏遠他。誰知鮑邈之不思圖報，反而懷恨在心，探聽到皇上身體不適，便密告誣稱是蕭統請道士作法，埋蠟鵝咒皇上早死，密謀奪權篡位。蕭統受此不白之冤，無法辯解，氣急交加，一病不起，竟英年早逝，沒想到這種「《文選》爛，秀才半」的人才，就這樣死於卑鄙小人之手。

至於蘇軾的「烏臺詩案」則是另一個「小人」整人的例子，有人從蘇軾的詩文中斷章取義或刻意曲解，誣陷他「愚弄朝廷，妄自尊大」，對朝廷有不敬之處，眼見有人構陷「成功」了，竟引來大家「群起效尤」，落井下石打落水狗，害得這位曠古大文豪差一點沒命，甚至緊張惶惑失措，被捕時不知穿朝服或便服，在解送途中還想尋死未果，那種「喪家犬」的模樣簡直失去所有尊嚴，最後還被「逼」承認自己詩文中的確有多處批評朝政；最後命雖然保住了，卻也株連一些朋友或喪命或丟官。

電影中的「小人」不多，因為多是樣板式的「壞人」。不過要提「小人」還是有的。

兩部亞洲的「冠軍」電影：《我和我的冠軍女兒》、《冠軍大叔》(*Champion*)，都是勵志類的電影，一部摔跤，一部比腕力。《我》片中國家摔跤教練為了不讓爸爸瑪哈維爾影響選手的訓練，設計將瑪哈維爾關在運動用品室，「教練」算是「小人」(雖然當事人出來澄清這稍微與事實不符，但就戲論戲，整個訓練過程的確有黑暗的「小人」在)。另外《冠》片中的經紀人與運動賭博集團，想以金錢收買主角馬克企圖操作比賽輸贏，以牟取暴利，當然是標準的「小人」。

我們只能說，「小人」的存在有時有理由，有時則無。

「小人」為何如此「恐怖」？

「小人」所在多有，但何以「小人」會如此「囂張」、「恐怖」？因為小人通常具有幾個特質：

• 勇、速：通常君子不會「傷人」，會傷人的多是「小人」，所以「小人」不怕被傷害，且小人不會內鬥，他們深得「合縱連橫」之妙，他們會「團結」

鬥垮其他人。因為「心有所屬」（有要剷除的人），必欲除之而後快，所以小人辦事效率高，常鑽巧門；反之，君子顧慮多，又與人為善，一切循正常程序，反而曠日廢時。

- 賴、讕：小人善於造謠，「巧言令色」至極，「指鹿為馬」一流，但一旦「東窗事發」，必推得一乾二淨，甚至反咬抵賴，不像君子「敢作敢當」又「義正辭嚴」說不得讕語，在言行上已遜小人一籌，注定失敗。
- 狠、敢：所謂女怕纏，君子怕小人。「君子」雖然一副「道貌岸然」，但心存仁義，通常心軟得很，常是「高高舉起輕輕放下」；反之，小人表面嘻皮笑臉，其實骨子裡壞點子很多，所以未鬥「君子」氣勢已輸三分。小人不會放過被傷害者，而且「軟土深挖」，欺善怕惡，針對「弱者」自動升格為欺壓良民的「累犯」。
- 陰、冷：光明及透明是「君子」的保護傘，反之，陰暗及黑箱則是「小人」的防護罩；小人像吸血鬼，見不得光，君子則要「不愧屋漏」；君子不善「耍陰」，「小人」則喜躲在暗處放冷箭，所謂「明槍易躲，暗箭難防」，君子所短正是小人所長。

•枉、巧：小人平日長袖善舞，更是察言觀色高手，尤其厲害的是鑽營，優遊於灰色地帶，不受道德約束；需要援引法律自重時，精準俐落，若要規避責任時又能巧閃躲避，使得一身「乾坤大挪移」，出入法律如哆啦A夢進出「任意門」，不像君子「匠」器十足，刻板僵硬無彈性，又怎和小人鬥？

•忍、待：事情要成功需「耐煩」，即使做「壞事」，也要布局慢慢羅織。小人行動快狠準，但在等待「獵物」上當前，他們如鷹犬般善於等待，一次「伏擊」不成，再等下一次，「目標」未除，絕不干休。反之，君子一旦發現「小人」行徑，必立即挺身而出，企求「摘奸發伏」、「除惡務盡」，如果沒成功，就只會感嘆天道淪喪，甚至「怨懟沉江」，結果不但除惡「功虧一簣」，反而遭到更嚴重的反噬。

•聚、烏：小人厲害的地方在於容易聚眾結夥成幫，他們認為天下烏鴉本就該一般黑，即使「烏合」也可以撼動天地，動搖國本；而君子總喜歡「獨善其身」，不屑「友不如己者」，認為只要直道而行，雖千萬人吾往矣，一個人就可以頂天立地，旋乾轉坤，二邊人馬一擺開，氣勢高下立判。

•晦、藏：小人善偽裝隱藏，不但「小人」二字不會寫在臉上，也不能以

「貌」取人，最可怕的是「小人就在你身邊」，可能是你的上司、部下、同僚，周遭「草木」可能都是「小人」，但就是無法確知誰是「小人」，只能「風聲鶴唳」，只能惶惶終日，只能妄自臆度，最後弄得精神潰散，槁木死灰，甚至一命嗚呼；你有沒有發現，小人爆料構陷之準之精之確實，就好像你親自把資料提供給他一樣。

如何對付小人

小人無所不在，像垃圾永遠清不完，那要如何「對付」小人？

比他敢、比他狠

與狼共舞，要先變成狼，抱著徹底「教訓」他這一次的心理，等「河清海晏」、小人清除再「反正」，否則自己反而「著魔」淪入「小人道」，成為另一個「小人」。

和平共存，「保持現狀」

人體腸胃內都有各種菌種，將小人看成益生菌，它是職場必要之惡，有助於人的成長。想想，不遭人忌是庸才，沒有「小人」怎能襯托「君子」可貴。

避、躲不糾纏，低頭是一種智慧

道不同，不相為謀，對小人只能防，只能躲，不能糾纏，如果你自認不是小人的對手，或厭惡你爭我奪、爾虞我詐，那麼就避開這樣的環境吧！愛爾蘭作家、詩人、劇作家王爾德(Oscar Wilde)說：「要永遠原諒你的敵人，沒什麼事比這個更讓他們惱火了。」或許，讓「小人」沒有「對手」是對抗小人最好的方式。

提早進入「耳順」境界

不要在意小人在背後怎麼看你、說你，反正言語改變不了事實。

若即若離，敬而遠之

對小人勤打招呼，但少說話；不主動來往，但不拒絕來往；不深交，但不絕交。不幫忙，不阻攔，不規勸，不參與，不討論，任其自生自滅。不要妄想窺探小人「祕密」，也不讓小人深入自己的領域和心靈。

「小人」難除，如登革熱，「太陽」燒不盡，小雨潤又生。當有人拿石頭丟我們時，我們又何必放不下這顆石頭呢？美好人生，別花費任何一秒負面情緒在小人身上。

3

期待全壘打

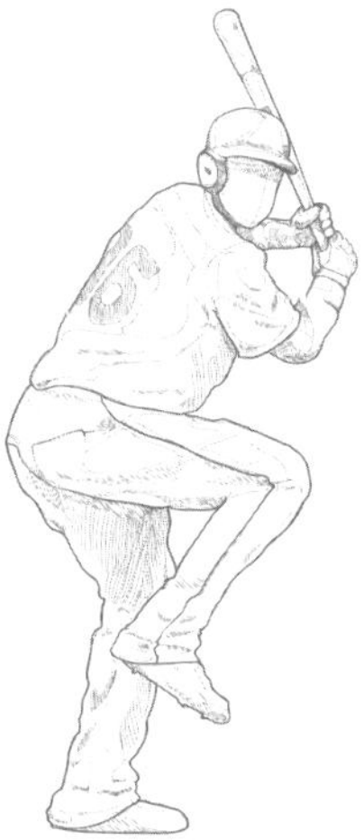

人生有「夢」最美，你在手機裡尋夢嗎？

人生有「夢」最美

以前常聽，後來也常告訴學生：「人生有『夢』最美」，更後來，沒有人相信「夢想」，認為「夢想」太遠，不切實際，於是「夢想」遠離人間，遠離大家的生活。

直至寶可夢(Pokemon GO)，一隻黃色的「神奇寶貝」出現，終於讓大家再次相信人間有「夢」的存在，而且開始認真「追尋」，於是不管白天或黑夜，許多景點與公共場合成為夢想的入口，甚至「夜晚比白天美麗」，大家成了「追夢人」，開始追夢，人生從此有了目標。原來「謙卑」的人，現在頭更低更謙卑，彼此不再是「對手」與「寇讎」，而是一起「捕夢」的同志，人不再「自私」，甚至自願成為「臺幣戰士」，花錢「灑花」誘捕「寶可夢」，還

「雨露均霑」志同道合者，從「寶可夢」我們再度看到「分享的快樂勝過獨自擁有」，好像人間的一切美德都要跟著回來了。

我覺得這一點最可貴，生命真正的意義是當你追逐夢想的時候，也讓其他人擁有追逐夢想的勇氣與可能。

「夢」可夢非常夢

「寶可夢」終於讓大家走出戶外，讓大家心靈有了新的寄託，讓許多景點「大復活」，讓許多人「不恥下問」，也產生許多「捕夢達人」，讓許多人重燃信心，讓許多人更「勇敢」(平時午夜前一定要回家的人，現在「敢」在夜晚閒逛了，鬼月也不忌憚到「鬼屋」去了，甚至連「墓仔埔也敢去」)，也因「夢夢相連」，讓世界大同，看來世界即將一片祥和。

但事實真的這麼「完美」嗎？年輕一代因「捕夢」變得更堅強了？親子之間因為共同「捕夢」，親情更融洽、更容易互動與溝通？年輕人從實際的「捕夢」中悟出「築／逐夢」的道理？還是在已經「族繁不及備載」的稱呼之外，再多更從眾的「喪屍」一族？

「寶可夢」畢竟只是AR產物，界於「半虛半實」之間，它與真實人生仍有不同。

「寶可夢」沒有限量，人生美夢常有限量；寶可夢沒有排他性，不會因為更多人追捕，數量就變少，但現實中的「夢獸」常是追逐者眾，「有你無我」，甚至「弱肉強食」，如果動作太慢，成功的「夢獸」就瞬間消失。所以追「寶可夢」大家都是「朋友」，但是追捕人生「夢想」，「敵人」卻不少。

「寶可夢」只要按「圖」索驥即可，手機一開，目標明確，路線清楚，但是人生的夢想卻常「羚羊掛角」，無跡可求，沒有明顯的昭告，需要自己去營造；「寶可夢」最常出現在人多的都會區與景點，越有名的，「夢」越多；但人生的「夢」卻常出現在「荒郊野外」或「窮鄉僻壤」，必須自己獨闖「藍海」才能尋獲。王安石〈遊褒禪山記〉：「世之奇偉、瑰怪、非常之觀，常在險遠」，講的是登山遊歷，其實也是說「夢想」。

「寶可夢」是經過設計的，可以「隨心所欲」安排，但人生不能設計，或者說不該被設計，沒有「程式」、規則可言，一切都是隨機的，需要隨時做好準備，把握機會。

因此，當大家慶幸「寶可夢」終於把一堆「宅男」趕出室內、走向戶外的同時，不要以為「夢」都是那麼清楚易得的，這樣反而又掉入另一種「不勞而獲」的迷思中。當你以「寶貝球」收服眾多神奇寶貝時，你希望不斷升級牠，進化牠，但追尋夢想是否也如此用心？我們必須思考，是人類捕捉寶可夢，還是寶可夢征服人類？

尋找人生的「寶可夢」

虛擬的夢境不管多「寶」，畢竟不是真實人生，可以滿足一時，不能暢快一世，最後終得回到「現實」。

奧運，全世界運動高手追逐夢想的場地，最常見夢想的興滅，也有更多真實的「追夢」故事，有人完成夢想締造傳奇，也有人夢想卡關，遺憾終生。

網球界的球王、大滿貫的得主，多次榮登世界第一人的喬科維奇（Novak Djokovic），獨缺奧運金牌，得牌是他在球壇最後的夢想，孰料參加二〇一六年奧運首戰就鎩羽，遺恨里約。

反之，美國「飛魚」費爾普斯 (Michael Phelps) 小時候大耳朵、口吃，罹患注意力缺陷多動症 (ADHD)，幼稚園老師認為他「不可能做好任何事情」，九歲父母離異，後來在游泳池畔找到他的夢想，終於締造史上空前也可能絕後的奧運參賽五次，獲得二十三面金牌的紀錄。尤其是二〇一二年倫敦奧運，他在二百公尺蝶式「只」拿到第二名，二〇一六年「復出」，他的「夢想」之一就是要在這個項目拿回第一，他做到了。他常告誡自己：「你想擁有的越多，你得到的就越多。」他告訴我們：「夢想，沒有極限。」他不但實踐夢想，也不斷以他的傳奇引導更多人完成夢想。

另外，新加坡的斯庫林 (Joseph Schooling) 十三歲第一次見到偶像費爾普斯後，就暗下決心拚奪奧運冠軍，終於在二〇一六年里約奧運完成夢想，打敗他的偶像，贏得游泳男子一百公尺蝶式金牌。

這些夢想將不斷地創造傳奇，引領更多人築／逐夢。

奧運的重點不在於獲勝，而是參與；人生的要領不在於征服，而是全力以赴。

追逐夢想的故事就是一種立志／勵志的故事

拍過《魔鬼終結者》、《異形2》(*Aliens*)、《無底洞》(*The Abyss*)、《鐵達尼號》(*Titanic*)、《阿凡達》(*Avatar*)，目前影史上最賣座的大導演詹姆士柯麥隆(James Cameron)，二十三歲從加州州立大學輟學，無所事事，到處打零工，幹過黑手，開過學校餐車、卡車。一天下午，詹姆士柯麥隆看了喬治盧卡斯(George Lucas)執導的《星際大戰》後，內心非常激動，立下將來要拍一部勝過《星際大戰》的作品，後來他成功了，連喬治盧卡斯在看完《阿凡達》電影後都忍不住脫口而出：「說要挑戰我的人很多，但他真的做到了！」

詹姆士柯麥隆說在他的字典裡沒有「不可能」、「辦不到」這幾個字，他在接受訪問時說：「我只是盡力把眼前的事情做到正確，然後才進行下一件事。」你知道他為追尋夢想做了多少努力嗎？他為拍《阿凡達》，找來《魔戒》(*The Lord of the Rings*)三部曲與《金剛》(*King Kong*)的特效團隊，從無到有打造一個完全憑空想像出來絕美瑰麗的外星世界，與索尼(SONY)合作，研發特殊的3D Fusion攝影器材，還找來方言專家結合非洲、中亞、高加索等語系，花四年的時間創造一個全新的獨特語言系統，擁有完整的發音與文法，更找來生物學家為每一個植物、生物命名，也請來音樂學者編譜納美人的音樂，歷史教授群負責設計納美人的文化背景等，花了十二年以上的時間準備，最後才成就一部破紀錄的影片。

當今NBA第一人「小皇帝」詹姆斯(LeBron James)，他的聲望與成就直逼甚至有望超越「大帝」喬丹(Michael Jordan)，他的成功來自天賦，他一路幾乎都是MVP，但他永遠銘記著心中的夢想，不懈地努力著，即便身上肩負著前所未有的壓力，但是他卻更加努力地向著自己心中的夢想不斷地奔跑著，他以親身經歷說明，沒有什麼是不可能的，成功永遠在等待那些為了夢想不斷努力的人。他說「自從我二〇〇三年被克里夫蘭騎士選中，我的目標就是為這座城市帶來一座總獎盃，這個目標從來沒有變過。」或許他曾經太愛總冠軍戒指，所以「叛逃」過最初的夢想，離開克里夫蘭，但最後仍不忘初心，回歸克城，終於幫騎士隊拿到史上第一個總冠軍，也完成自己的夢想。

每個人都知道我們「只有一個地球」，但是各種汙染正不斷以各種方式危害地球環境，包括本來給大家帶來方便的塑膠袋，現在卻有大量塑膠碎片流入海洋，對海洋造成嚴重汙染，甚至造成生態浩劫，也間接影響人類未來的生存。許多人都想拯救我們居住的環境，讓人類享有永續的美好生活的「夢想」，但真正付之行動的卻少之又少。

荷蘭籍的史萊特(Boyan Slat)，十六歲在希臘潛水時，發現塑膠垃圾比魚還多，自此他以消除海洋垃圾、救贖海洋為追求的目標與夢想。於是他在十八歲時創立「海洋清潔公司」(The Ocean Cleanup)，設計出世界上第一個海洋垃圾清理系統，開始進行海洋清理計畫(Ocean Cleaaup)，估計五年可以清理超過七百二十五萬噸的海洋垃圾，希望到了二〇二五年時，能將海洋垃圾減少一半，以挽救越來越嚴重的海洋垃圾問題。

當初史萊特提出這樣的計畫時，不少人認為它是一個不切實際的「夢想」，但在史萊特的奔走與努力下，一件不被看好的夢想即將成為一件可行的理想，成為全球最受矚目的環保行動。

只有勇敢打破成見，追逐夢想的人，才能看見世界，改變未來。

「夢想」去做，成功了，就是理想，否則「夢想」就是「鏡花水月」，自己喊爽的。

夢想，不是給自己的花言巧語

《樂來越愛你》超洗腦原聲帶成為爆紅話題，多家唱片行甚至賣到缺貨。作曲家賈斯汀赫維茲 (Justin Hurwitz) 受訪時更揭露電影背後驚人的創作內幕：「我每天彈琴寄 demo 給導演，而他的回答總是No，前後加起來少說也寫了一千九百首歌。」

實現夢想要不斷嘗試。

每當新年元旦跨年，許多人許下新年新希望，許下自己未來的「夢想」。但是大家可能只是在新年說說夢想過過乾癮，麻醉自己而已，因為「夢想」好浪漫，而現實很艱難，我們可能也忘了告訴那些急著做夢的人，做夢也要付出日常代價。

世界有三大「花言巧語」，一是政治人物的競選支票，或為了鼓動某種意識、思潮，動員人心所講出來的話；一是情人之間愛的囈語與結婚宣言，這兩種「花言巧語」都有放射出去的「對象」，是否實現，大家都知道；但是第三種「花言巧語」，說出來大家可能都要嚇一跳了，那就是自己許下的希望或夢想，這一種「花言巧語」因為對象是「自己」，沒有投射出去，因此「檢核」力最小，最容易被忽略，不然，大家都不是現在這個樣子了。

夢想是偉大的，電影《樂來越愛你》中的插曲：「獻給所有做夢的人，哪怕他們有點兒傻；獻給受挫的心，和苦中作樂的我們。獻給築夢的人，哪怕他們有點瘋；獻給受傷的心，和疲憊不堪的我們。」是啊！追求夢想要有傻勁，但也不能忽略會有點受挫，有點受傷，有點疲憊不堪，「夢想」是一體兩面的美好，這些相倚相伏的痛苦，都讓曾經碎得滿地的自己在無數次跌倒之後，仍然願意選擇當一個傻子。

追夢必須放棄、犧牲某些東西，甚至為了更大夢想，必須放棄一些小夢想。追夢就是衝突與妥協的過程；夢想給我們希望，當你為夢想奮鬥，不管成功與否，追尋的過程都會被賦予最尊貴的價值。

你願意嗎？

如果每天叫你起床的是夢想而不是鬧鐘，你就成功了。

如果不能堅持下去，夢想真的是自己給自己最大的「花言巧語」了。

累積能量、做好準備，追尋夢想要用盡「洪荒之力」

尋找寶可夢要有足夠「配備」，除了智慧型手機，還要有充足「電力」，否則緊要關頭，「夢」會因為「電力不足」而跑掉，功虧一簣。王安石〈遊褒禪山記〉以遊山探洞為題，闡述治學之道，要「有志」、「有力」與「有物」相（幫助）之，三者齊聚，遊山／治學才易成，追尋人生「夢想」也要累積能量、做好準備、全力以赴。

你打算使盡「洪荒之力」了嗎？

別急著吃棉花糖：延遲享樂，換取美好未來

艾雯的〈路〉曾被選入國中課本，裡面有句話大家耳熟能詳：「不必逗留著採拾路畔的花朵來保存，一路上，花朵自會繼續開放哩！」《先別急著吃棉花糖》(*Don't Eat the Marshmallow...Yet! The Secret to Sweet Success in Work and Life*）書中也告訴我們很多類似的箴言，如「要預測一個人未來成不成功，能不能延遲享樂是很重要的指標。」「我願意在今天做些什麼，來獲得明天的成功？」「不要一開始就把棉花糖吃掉。等待對的時間，這樣可以吃到更多棉花糖。」「為了大棉花糖，要不顧一切地付出行動去達成，而不是狼吞虎嚥一路上隨處可見的迷你棉花糖。」

玩寶可夢的人都知道，隨著訓練師等級提升，就更容易遇到更稀有、CP值更高的寶可夢，但是別急著在遊戲初期就急著升級進化已經收服的寶可夢，因為比較弱或很普通的「低等怪」不管再如何升級進化，CP值增加仍然有限，可別隨便浪費了辛苦得來的糖果和星塵啊！

追築／逐夢想要有耐心，不要因小失大，要看準目標，勇於投資未來。

一路上有你

玩捉「寶」遊戲，常會「呼朋引伴」，可以解悶、互相支援、提供訊息，尤其一個人「灑花」可以吸引「寶物」，造福很多人，彼此各灑一點花就可以誘引很多「寶」，這比人人各自散開分別努力省下許多「投資」。

追尋夢想，也可以如此，團結勝過孤軍奮鬥。

追尋夢想要有策略

抓「寶」的行家都知道哪裡「寶貝」最多？何時灑花？何時／如何升級（進化）？何時補給？怎麼做才能得到CP值最高的寶可夢？如何才能占領／固守道場……，「寶迷」簡直是一流的戰略／術專家。

如果將「抓寶」精神移至人生「夢想」的追尋上，你要如何設定夢想？如何讓夢想坐大，從小夢想成大夢想？你要如何讓夢想成真？

抓「寶」和築／逐夢一樣，需要策略。

夢想必須持續與堅持

曾幾何時，寶可夢的追逐熱潮已黯然消失，以往路邊、賣場、公園、景點常見一群人或將機車停駐或從轎車、戶外走出來，低頭再低頭，全神貫注地盯著螢幕，只為那突然迸出的「夢獸」，甚至廢寢忘食，耽誤正事，而今盛況不再，只留「殘夢」。你是否感嘆虛擬的夢想何其短暫？但是現實人生中的夢想是否也如此，只有三分鐘熱度，只見他起夢想，眼看他逸興遄飛，誰知道夢想容易冰消，終見他夢想灰飛煙滅。

如果「夢想」這般脆弱，不要也罷。

記住：夢想付諸行動，才會變得神聖，夢想必須持久，才能成為現實。

科技不斷進步，AR、VR、MR、CR不斷更新，抓寶熱潮已退燒，但人生夢想卻要不斷加溫。

不管你是誰，帶著你的夢想出發吧！

英雄內戰你選哪邊？——人生最難是選擇

人生最難是「選擇」

人的歷史，往往就是一部「抉擇」的歷史，是「抉擇」改變人生，是「抉擇」改變世界。

亞馬遜創辦人貝佐斯（Jeff Bezos）二〇一〇年在母校普林斯頓大學的畢業典禮上，勉勵年輕人善用自己的天賦，做出對的選擇。因為，「人生到頭來，我們的選擇，決定了我們是什麼樣的人。」

但是選擇何其難！

知名愛情文學作家瓊瑤，因為對夫婿是否該放棄急救的問題和繼子女們有了嫌隙，其實，這就是「抉擇」的問題。

另一個年輕的女作家之死，從一開始被「傷害」，到後來假裝因為有

「愛」，所以就不是被「傷害」，到最後還是輕生，其實也是一個「選擇」題。

知名體育主播傅達仁面對病魔折磨，與其苟延求生，他選擇安樂死。

昆德拉 (Milan Kundera) 的《不能承受的生命之輕》(*The Unbearable Lightness of Being*) 說：「人永遠都無法知道自己該要什麼，因為人只能活一次，既不能拿它跟前世相比，也不能在來生加以修正。沒有任何方法可以檢驗哪種抉擇是好的，因為不存在任何比較。一切都是馬上經歷，僅此一次，不能準備。」

所以，人生最難是「選擇」。

小至三餐吃什麼，今天穿什麼衣服，中至大學個人申請、國中會考選填志願，大至成家立業，更大一點的「魚與熊掌」、「義與利」、生命與情操的兩難，都是「選擇」。

從 NBA 球星布萊恩 (Kobe Bryant) 選擇引退或是繼續看著自己由顛峰逐漸跌至谷底，到杜蘭特 (Kevin Durant) 跳槽勇士、「小皇帝」詹姆斯該到哪一隊等，都是「選擇」的命題。而沒人知道「選擇」的對錯，所以「選擇」是一場賭注，「正確」與否，端視「成敗」而定。

連看個電影都要在「蝙蝠俠與超人」（《蝙蝠俠對超人：正義曙光》(*Batman v Superman: Dawn of Justice*)）、「美國隊長」與「鋼鐵人」（《美國隊長3：英雄內戰》(*Captain America: Civil War*)）中二選一，所謂的「正義」也是由選擇換來的。「蝙蝠俠」與「超人」只是二選一，掙扎較少，反正大家心知肚明，最後他們還是會聯手打擊犯罪。二選一不難，更難的是還要選「組」，在「鋼鐵人」與「美國隊長」分別帶頭的團隊中二選一，而你或許不是每一個各自陣營的成員都喜歡，但是沒有辦法，這是「包裹」式的選擇，你不能自己猜拳點兵，因此無奈就更加深了。你心中可能會啐罵本是「同根生」，卻因「理念」不同而大打出手，打同志比敵人還兇。還有，連一隻小小的女兔子都被逼「選擇」和刻板印象是狡猾的狐狸一起辦案（《動物方城市》(*Zootopia*)），所以「選擇」是一種無奈。

希臘導演尤格藍西莫(Yorgos Lanthimos)執導的《單身動物園》(*The Lobster*)，榮獲坎城影展評審團獎。內容敘述一群被關進豪華飯店裡的單身男女，在一定時間內必須找到一個匹配的伴侶，有緣者進一步接受測試，成功者回歸社會，展開全新人生；失敗者得變成一種自選動物，被迫流放人生。

在「成雙成對」與「變成動物」之間，你必須選擇，為了不變成「動物」，你的選擇會是「真心真意」的嗎？還是只為「脫離」而選擇？

《樂來越愛你》中男女主角互相扶持，在充滿夢幻與可能的洛杉磯追逐夢想，當他們逐漸邁向成功之際，現實的壓力卻磨損原本美好的愛情，當現實與愛情遇到兩難時，他們都必須做出痛苦的抉擇，而這痛苦的「抉擇」雖成就個人，卻也讓彼此無奈分手；「抉擇」完成了淒美，留下感動與餘音繞樑。

《不可能的任務：全面瓦解》(*Mission: Impossible—Fallout*) 中的伊森韓特，到底該搶回鈽元素，還是救團隊組員？這是一個精彩而且推動劇情的「選擇」。

「假如你只能在太太和兒女之間救一個人，你會選擇救誰？」本來這只是茶餘飯後好玩的閒聊，可是卻真實出現在坪林暴雨溯溪事件中。當「閒聊」變成真正的「生存遊戲」時，這種選擇多殘忍，不管如何選擇，傷痛永遠都在。

英國劇作家莎士比亞 (William Shakespeare) 的《哈姆雷特》(*Hamlet*) 說：

「生存或毀滅，這是個必答之問題：是否應默默地忍受坎坷命運之無情打擊，還是應與深如大海之無涯苦難奮然為敵，並將其克服。此二抉擇，究竟是哪個較崇高？」

難矣！

選擇，改變人生與世界

無數次的選擇構成了人生，今天的選擇決定明天的生活，有些選擇則翻轉一切。

當蘋果落地時，牛頓 (Isaac Newton) 選擇追究蘋果落地的根源，於是發現了「萬有引力定律」，改變未來的科學發展；英國愛德華八世 (Edward VIII) 為了辛普森夫人 (Wallis Simpson) 放棄王位與江山，成為後來衡量愛情的標準；林徽因放棄徐志摩「選擇」梁思成，不但改變徐志摩的一生與命運，也改變了中國未來的建築史；當《小偷家族》(*Shoplifters*) 成員決定「留下」「撿」到的由里之後，「家族」成員的命運與祕密從此翻轉，如果他們知道未來是這樣，當初的「選擇」會改變嗎？《最黑暗的時刻》(*Darkest Hour*)中的邱吉爾(Winston Churchill)面臨兩難的抉擇，他必須在與德軍求和或率領英國力抗德軍之間做出選擇，而這個抉擇不只關係英國，更左右未來世界的發展，你看，他的「一念之間」影響多大，多重要。

人都選擇接近自己原來想法的意見傾聽

當你歧路人生，徬徨事業時，別人眾多意見與建議，你的選擇是什麼？說來你不信，多數人都是選擇自己相信的，自己愛聽的，選擇接受和自己理念或想法一致的人的「規勸」，其實，這只是透過另一個自己來強化自己的理念與想法而已。交友也是選擇和自己理念、出身背景相同的人交往，甚至記憶也是透過「自衛機轉」篩留自己想保留的，因此自認「舉世皆濁我獨清，眾人皆醉我獨醒」的屈原，當然聽不下漁父所說的「聖人不凝滯於物，而能與世推移。世人皆濁，何不淈其泥而揚其波？眾人皆醉，何不餔其糟而歠其釃？」終以「身之察察」，不「受物之汶汶」，寧赴湘流，葬於江魚之腹中，而不願「以皓皓之白，而蒙世俗之塵埃」，更聽不下「滄浪之水清兮，可以濯吾纓；滄浪之水濁兮，可以濯吾足」的寓意了，最後只好自沉汨羅江，所以今天我們才有粽子可以吃，才可以爭辯端午節該說「佳節快樂」，還是只能說「佳節安康」了。

整部《論語》就是孔子的「選擇」

孔子在自己的故鄉「道不行」，故跟他的弟子們在十五年內栖栖走遍齊、宋、衛、楚等國，其間有「過宋之危」、「相失於鄭」、「受困陳蔡」的困境，荷蕢者勸他「深厲淺揭」、接輿勸他：「鳳兮鳳兮，何德之衰。往者不可諫，來者猶可追。已而已而，今之從政者殆而」，還有更多人的訕笑，但是孔子依然「知其不可而為之」，這是孔子的選擇。

其實詳閱《論語》當可發現整部書到處充滿「選擇」的智慧，不管交遊、人生態度、生活樣貌、個人操守、人心仁德、文化禮制、生命意義等，孔子都有他選擇的原則與提示，或許我們可以說整部《論語》就是孔子的「選擇觀」與「選擇哲學」，他更以他的一生來實踐與印證他的「選擇」，也給後來的人留下選擇的圭臬。

「紅玫瑰」與「白玫瑰」的矛盾

「選擇」是一種放棄，更是一種承擔。

卡爾維諾 (Italo Calvino) 在《命運交叉的城堡》(*Il castello dei destini incrociati*) 中說：「相信抉擇的人只不過是個空想家……，因為任何選擇都有其反面，也就是放棄，所以在選擇和放棄這兩種行為之間也就沒有區別。」

是啊！這多悽慘，思想家告訴我們，所謂「抉擇」其實就是一種放棄，而人的通病往往是那個被放棄的總是最好。張愛玲的《紅玫瑰與白玫瑰》中的經典語句：「也許每一個男子全都有過這樣的兩個女人，至少兩個。娶了紅玫瑰，久而久之，紅的變了牆上的一抹蚊子血，白的還是『床前明月光』；娶了白玫瑰，白的便是衣服上沾的一粒飯黏子，紅的卻是心口上一顆硃砂痣。」精闢地道出選擇的矛盾與弔詭——得不到的永遠最好。格言說：「一鳥在手勝過二鳥在林」，但是從選擇的觀點來看，追求不到或被放棄的那一個，永遠都是最好的，「紅」、「白」玫瑰只不過活生生道出人性的不堪與低劣而已。是啊！有點悽慘。

你不要的，永遠在騷動。

選擇永遠不會單純，選擇不是「一個人」的事

陳可辛導演的《如果。愛》，說的是一女兩男之間的三角戀，也是女主角在愛情和麵包間選擇的故事，「愛情」與「麵包」的掙扎誰沒有過？希特勒強調種族淨化政策，一己的偏執「選擇」不但改變德國，更影響全世界。而邱吉爾在第二次世界大戰選擇發動代號「發電機計畫」的敦克爾克大撤退，在短短的八天中，奇蹟般地撤出三十三萬多人，不但為英國保留戰力，也成為影響二戰勝敗的重要因素之一。

不要小看一個「選擇」，一個選擇的影響是你無法想像的。

世界著名三大男高音之一的帕華洛帝 (Luciano Pavarotti) 喜歡唱歌，小時

候就展現唱歌的天賦，但是他更喜歡孩子，並希望成為一名教師，當他在師範學校快畢業時，他問父親在唱歌與教書之間如何選擇，他的父親告訴他：「如果你想同時坐兩把椅子，你只會掉到兩個椅子之間的地上。在生活中，你應該選定一把椅子。」聽了父親的話，帕華洛帝選擇教師這把椅子。不幸的是，帕華洛帝因為缺乏經驗而沒有權威，學生們就利用這點搗亂，最終他只好離開學校。於是，帕華洛帝又選擇了另一把椅子——唱歌。

經過多年努力，經歷聲帶長了小結及差一點被轟下臺的挫折後，終於在一場歌劇比賽中嶄露頭角，被選中於一九六一年四月二十九日在雷焦埃米利亞市劇院演唱著名歌劇《波希米亞人》(*La Bohème*)，一九六七年他被著名指揮大師卡拉揚 (Herbert von Karajan) 挑選為威爾第 (Giuseppe Verdi)《安魂曲》(*Requiem*) 的男高音獨唱者，從此成為活躍於國際歌劇舞臺上的最佳男高音。當記者問帕華洛帝成功的祕訣時，他說：「我的成功在於我在不斷的選擇中選對了自己施展才華的方向，我覺得一個人如何去體現他的才華，就在於他要選對人生奮鬥的方向。」帕華洛帝因正確的人生選擇而向人們展示了他歌唱方面的才華，更療癒了眾多寂寞的心靈。

「選擇」在自己，但「選擇」絕不是一個人的事。

選擇：人生的第一課題

除生命之外，人生中最困難者莫過於選擇。人生惆悵何能免？唯有「選擇」最銷魂。

人生不管向左向右，向前向後，是這裡或那裡，此刻或未來，都是選擇。「我該如何明白如何尋覓幸福躲藏的地方。要繼續等待嗎？還是轉換下一個目標。我不想永遠生活在猶豫、懊惱與無法抉擇的困惑中。」（幾米《我只能為你畫一張小卡片》）捨生取義是選擇，江山美人是選擇，藍綠大對決也是一種選擇；生存或毀滅，是默默地忍受坎坷命運之無情打擊，還是與深如大海之無涯苦難奮然為敵，並將其克服？考驗的是智慧，但沒人保證一定正確。

只要選擇就必須承擔

每個人都希望有一個人能夠在我生命中扮演一個主導者的角色，在所有我迷惘不知方向時，他為我抉擇，把我所有的苦難都拿過去，由他承擔；如果這樣該有多好。

可惜的是，選擇的後果必須自己承擔，別人無能為力。

選擇令人緊張而悵惘，選擇就是選邊站，或許無奈，但是沒有辦法，一旦選擇了就必須承擔，自己選擇的路，跪著也要把它走完。

電影《侏羅紀世界：殞落國度》(*Jurassic World: Fallen Kingdom*)中，當努布拉島的火山即將爆發之際，到底是該讓這批靠著基因工程複製出來的恐龍，隨著火山的爆發而全數滅絕死亡，還是去拯救這一大批不知是否能與人類共存的古老巨大生物？而當部分恐龍被救出安置到洛克伍德莊園，又因野心家的私心，造成整個莊園一片混亂，當毒氣瀰漫屋內，如果不開大門讓恐龍逃生，牠們會全部死於毒氣下；如果開大門讓恐龍離開，恐龍一旦進入人類世界，將會帶來巨大混亂，於是作為「人類」的男女主角和基因複製「成品」的洛克伍德的孫女梅西的思維就不同，所謂「生命會找尋出路」，到此不只是一個選擇的命題，而是必須為最後的選擇承擔代價的勇氣。

選擇要放在努力前面

努力會改變一切，讓選擇的結果更好，但是選擇正確會讓你少一些挫折，不用那麼辛苦。選擇不但影響未來，更決定未來。未來的一切是由今天的選擇決定，因此在你打算為自己的選擇努力前，不妨先做好正確選擇。

主動選擇，心要「甘」；被迫選擇，心要「安」

能掌握主動選擇權，是上天的恩賜，是幸運的，因此，選擇了，要甘心；反之，被迫選擇所在多有，先求心安勿躁，把最差的環境翻轉成最佳的機會，靜待下一個選擇的機會，加倍奉還。

選擇看閱歷與功力

選擇像投資，眼光好，知道該選擇什麼，閱歷深，才能看清選擇的東西，功力夠十拿九穩。

選擇要把握時間點

選擇像吃迴轉壽司，當機會的壽司轉到你面前，沒有好好把握，就要等下個輪迴，一旦「機會」被選走，你就落空。

所以啊，選擇是一種循環，你選擇的每一條路，走向另一個選擇，永無止境。

選擇無法避免，唯有做好選擇。

機會與命運的遊戲——你的人生方城市？

要去哪裡比現在在哪裡更重要

馬克吐溫（Mark Twain）的名言：「如果我們能夠出生時八十歲，然後逐漸接近十八歲，人生一定更美好。」我常在想：如果能從未來反瞻現在，甚至過去；能從終點看起點，人生會否不一樣？

你想預知人生記事嗎？電影《班傑明的奇幻旅程》，主角一生下來就像個八十歲的老頭，然後逆轉人生，慢慢變成中年人、年輕人，最後回歸到嬰兒狀況死去。如果班傑明以八十歲高齡出生時能擁有一生的所有記憶，知道這一生所有的一切，然後每活一天，記憶就減少一點，一直到童蒙懵懂之初，記憶歸零，不知他會如何思考他可以「重來」的人生？

《愛麗絲夢遊仙境》（*Alice's Adventures in Wonderland*）中的愛麗絲追趕

兔子而掉進地洞，追丟兔子的愛麗絲遇見精靈，她就問精靈：「我在哪裡？」精靈反問她：「妳要去哪裡？」愛麗絲說：「我不知道。」精靈說：「如果妳不知道妳要去哪裡，那妳現在在哪裡也不重要。」雖然有人說翻遍《愛》書並沒有類似的情節與對話，但是這一段話卻被廣為流傳，作為指引人生的勵志佳句。

對啊！人生重要的是未來，人就是活在未來的希望中，如果沒有未來，人就不會奮起，也活得沒有興致。除非你有愛因斯坦(Albert Einstein)的睿智，你才可以說：「我從不想未來，它來得太快。」

人生像個迷宮而且是一座「全面啟動」的「移動迷宮」，隨著你的一言一行不斷改變程式，有時你以為找到出口，正待「柳暗花明又一村」時，突然又來一座牆擋住你的去路；有時當你瀕臨山窮水盡的懸崖時，卻又發現前面是一座玻璃浮橋，挑戰你是否敢走過去。

如果人生有個衛星導航，可以導引你到想去的未來多好？至少像《納尼亞傳奇：獅子・女巫・魔衣櫥》(*The Chronicles of Narnia: The Lion, the Witch and the Wardrobe*)，可以因緣際會，透過一座神奇的「衣櫃」出入另一個神祕的世界，然後又可以安然返回，好像什麼都沒發生一樣，所謂「事如春夢了無痕」，但事實常不是如此。過去－現在－未來就是一條單行道，無法回頭。在奮鬥過程中你只能期望未來，但就是無法明確知道未來，就算你可以像「哈利波特」一樣找一個九又四分之三的月臺，穿梭到另一個魔法世界學魔法，讓自己更堅強成熟，但是你就是不知未來。愛因斯坦說：「想像力就是一切，把生命中將要發生的事預演」，但那只是想像，不是真實人生。

既然人生無法預知，也沒有可以任意進出來回的「任意門」（不管它是「衣櫃」或是「月臺」或是其他），那麼人生就只是一條單行道，堅定也罷，猶豫也罷，每一步都無法回頭，因此人生只會「後悔」，沒有「前悔」；只有「如果早知道」，沒有「事前就知道」。在人生的過程中，每一步都是一個行動的程式，第一個程式不同，底下啟動的人生就不同，一個接一個，比電腦更複雜的「零」與「一」，構成你一生。

所以說人生是「機會」與「命運」的「遊戲」也不為過。每個人都玩過「機會」與「命運」的遊戲，但兩者都不是自己能掌握的。有時你不禁在想：你是命運的「總鋪師」，還是機會面前的「小丑」？你可能是自己人生的「主角」，但也有可能只是一個「閒角」，連配角都不如。反之，原本主角不是你，但機會來臨，你卻一躍成為「天王／天后」，成為「一代巨星」，這之間的關鍵沒有道理，可能只是別人放棄，而命運之神找到你；也可能只是「機會」過門，被你拒絕，一來一往之間，人生就不同。不要以為人生太平淡，一個不小心，你可能就翻轉浮沉一生。

人生是「機會」與「命運」的遊戲

《動物方城市》，一部不脫迪士尼模式，要大家拋棄身材與出身「成見」，充滿勵志與美麗結局，強調族群和諧、正義必彰顯、有志者事竟成等，幾乎所有美好元素都具備，同時隱喻「大人」（政治）世界的一部老少咸宜的「卡通」。

主角是來自鄉下的小兔子茱蒂（出身與身材是她與「兔子們」的「命運」），她從小就想進大城市當警察（突破「命運」），不過身型的限制讓她在過程中不斷遭受阻礙，最後雖然如願考上警察（突破「命運」成功），但當她懷抱理想進入城市的警局報到，卻被分配擔任負責開罰單的交通警察，事與願違雖然讓她氣餒，但她給自己設定開單的時限與數量，還在值勤的過程中意外發現「竊賊」（這是「機會」）而拼命追趕緝捕（當「警察」是她的「命運」，「努力」是「機會」），一直到後來主動把握調查失蹤人口的機會，不但揚名立萬，破獲意想不到的「上司共犯結構」，還因此成為真正的「警察」。本來她的「命運」程式即將改寫到另一條坦途上，但記者會上的「失言」或「得意忘形」，又讓她的生命程式重新回歸到「失意」，當她回到鄉下，因緣際會悟出「夜噱者」的祕密（另一個機會），重新破獲真正的「陰謀」，又再度改變自己甚至是其他人的人生（命運）……，不只茱蒂的「人生」是命運與機會的糾結，片中的「尼克」（狐狸）也是，甚至我們也是。

人生有些是不能改變的，或許這就是所謂的「命運」，「命運」是一個被設定的程式，一旦啟動，就只能往下演算，但是在這被設定的人生指令中，又有許多「機會」讓你改變既有的運算公式，讓你的人生不只是一臺多位元的「計算機」，永遠被「基因」（某種密碼）控制而已，只是你是否過度相信「命運」而忽視「機會」的存在？

人生如果可以選擇，你會如何？

人生如戲，但沒有那麼多偶然與巧合；人生並不如戲，但也有很多意外與可能；人生並不如煙，但前途卻常撲朔迷離；人生如幻，但有時卻又異常清楚。

曾經爆紅的韓劇《太陽的後裔》，主角原本鎖定的不是宋仲基，但是他掌握機會爭取演出，因而改變命運，再次爆紅，還因此在現實世界中成就美好姻緣；周星馳執導的《美人魚》開始相中的主角據聞是羅志祥（小豬）；《臥虎藏龍》的「玉嬌龍」由舒淇變成章子怡；《鐵達尼號》原本考慮過克里斯汀貝爾 (Christian Bale)、馬修麥康納 (Matthew David McConaughey) 等，因為導演的某種堅持，李奧納多 (Leonardo DiCaprio) 才有出頭，甚至一步登天的機會，還好克里斯汀貝爾後來有《黑暗騎士三部曲》(*The Dark Knight Trilogy*) 撐腰、馬修麥康納靠《藥命俱樂部》(*Dallas Buyers Club*)、《星際效應》(*Interstellar*) 等名利雙收，舒淇也成為演技巨星。

而《樂來越愛你》本來鎖定的女主角並不是艾瑪史東 (Emily Jean Stone)，而是主演《哈利波特》竄紅的艾瑪華森 (Emma Watson)，但因艾瑪華森正在拍攝《美女與野獸》(*Beauty and the Beast*)，無暇接演《樂》片，才讓艾瑪史東有機會出線，甚至獲得諸多影展的肯定。不過命運與機會好玩的是由葛莉塔潔薇(Greta Gerwig)執導的《小婦人》(*Little Women*)，其中艾瑪史東因為新電影《摯愛》(*The Favourite*)的宣傳期太緊湊，無法出演《小婦人》，所以她的角色改由艾瑪華森接演。

你瞧，命運與機會是不是很會開人玩笑？但重要的不是誰「搶」了誰的角色，而是當命運與機會有了安排之後，你是否把現有的角色演好？這才是最重要的。

命運不能主宰永遠，機會卻是稍縱即逝。因此，掌握命運，利用機會，你就能創造自己的人生。

「三顧茅廬」是大家熟知的故事，是劉備翻轉劣勢的機會，也是諸葛亮展現「伯仲之間見伊呂，指揮若定失蕭曹」才能的機會，這個彼此互為「魚幫水，水幫魚」的機會，讓三國的命運改變。

人生中很多看似注定的事，其實都不是命定的。

把握機會就能翻轉命運

毛遂自薦讓自己脫穎而出，馮諼客孟嘗君，幫孟嘗君營造「狡兔三窟」，都是俟時以待，把握機會，一舉成名，成就他人也翻轉自己命運的例子。

《最黑暗的時刻》這部影片講述二戰初期，德國納粹以迅雷不及掩耳的速度橫掃歐洲，在短短時間內打下荷蘭、比利時，法國的投降僅是時間問題，而困在法國本土的三十萬英國士兵更是英國最重要的戰鬥資本，此即「敦克爾克大撤退」的前因。

英國首相張伯倫 (Arthur Neville Chamberlain) 因內政與歐洲戰事的處理不當，被英國下議院杯葛被迫辭職，在眾多考量下選擇了「最不理想」的邱吉爾成為英國首相，邱吉爾臨危受命，在這最關鍵的時刻帶領英國迎向二次世界大戰。

邱吉爾是在英國面臨國家有史以來最危險的時刻擔任首相，他面臨兩難的抉擇，必須在與德軍求和或率領英國力抗德軍之間做出選擇，而且還必須處理他所屬的保守黨黨員對他的不滿情緒。部分黨員認為他是個投機主義者，因此無法擔負領導國家的責任。戴維斯爵士(Lord Davidson)在寫給前任首相包德溫(Stanley Baldwin)的信中指出：「……保守黨人並不信任溫斯頓……等第一回的戰事結束之後，將可能會出現一個更為穩健的政府。」但是邱吉爾挺過「最黑暗的時刻」，他做了最好的決定，掌握最好的機會，不但改變英國，也改變世界的命運。

以我來說。大學畢業後先在國中服務，當時只想把書教好，當一個「名師」，後來卻被拉出來當行政，但總覺當行政非我願，加上個性保守、內向，總覺得行政不適合我。因不想當行政，才試著轉調高中。但命運與機會的轉輪總不會輕易放過任何人，包括我。剛到高中時一樣只想當個陽春老師即可，但看不慣一些推拖延宕及只想當「官」的人，所以在拒絕行政邀約幾年之後，竟也一頭栽入，當時認為這只是暫時性的，孰料一入「行政」竟成永遠的「行政」。

二〇〇六年，部分國立高中校長出缺，教育部辦理統一遴選，當時桃園就有國立武陵高中、陽明高中校長出缺，起初並無參加遴選的意願，因此也無任何應試準備，但禁不住當時板中張輝政校長的鼓勵，加上出缺學校離我居住的新莊通車上班的時間尚在可以接受的範圍，也就「勉強」報名參加遴選。

本來以武陵高中這樣的明星國立高中，理當由其他國立學校校長調任，但陰錯陽差，竟然出現第一輪遴選落空的結果，我們這些只擔任過主任的人才有機會報名參加遴選。那年我兒子考上建中，家人因為我從擔任教職以來，常莫名地積極投入教學與校務，內人常說我只管別人的孩子，而不管自己的小孩，因此不管我已報名參加校長遴選，硬是要我參加國外旅遊，而該趟旅遊時間正好橫跨校長遴選筆試的時間，如果該趟旅遊成行，我就錯過校長遴選筆試的機會，或許命運與未來發展就不一樣。

只是沒想到該團因人數不足取消，家人不死心，又另報其他國家的旅遊，此次旅遊回來時間剛好是筆試前一天。我在筆試前一天深夜回來，隔天正好趕上筆試。但是命運似乎沒那麼容易放過我。或許因為前夜趕回太累了，翌日醒來竟錯過火車班次，只好空腹驅車趕往臺中參加筆試，還好路上沒塞車，終於在最後一分鐘驚險趕上，後來經過筆試、複試等遴選過程，加上貴人相助，幸運地遴選上武陵高中校長。

如果在校長遴選的過程中，有哪個環節沒配合上，我的這趟校長之旅就成空，人生將又是另一番風景。

有人問我，為何我那麼「認真」、「投入」，我的一貫回答都是我很惜福，初任一試就當武陵高中的校長，這是多大的因緣與福報啊！我怎能不全力以赴？其實這背後就是有這段命運與機會交織的故事。

命運是上天不經意的給你一些東西，還有你面對這些東西的態度。「命運不是命運，命運是機會；是給生命一次改變的機會。」我們要改變的不是命運，而是經由命運進而讓自己改變。那就是為什麼我說，命運都是好的，即使你覺得很糟，但命運的安排仍是「為了你好」。

三十二歲的貝多芬幾乎完全失聰，感到生命將盡的他甚至寫下了遺囑，講述了耳聾之後的絕望心情，但也就在這面對生命殘酷的時候，貝多芬毅然選擇了與命運決鬥，其最偉大和感人的作品：《英雄交響曲》（第三）、《命運交響曲》（第五）、《田園交響曲》（第六）、《悲愴交響曲》（第八）、《第九交響曲》（歡樂頌）等，都是在命運對其無情地進行打擊，無法聽見塵世間的喧囂的時候，在一片死寂的冥想中寫就的不朽與輝煌。所以，「命運交響曲」是貝多芬寫完遺書後創作出來，要向命運之神挑戰的樂曲。

有人說，人一輩子有四次改變命運的機會。一次是含著金湯匙出生；一次是讀個好學校找個好工作；一次是通過婚姻來改變；如果以上三次機會你都沒有了，那你還有一次唯一的機會，那就是靠自己。

中國新東方教育科技集團創始人俞敏洪認為，世界上唯一能改變普通人命運的只有教育，因為教育培養你的能力，能力改變命運，以態度創造機會。能力越強，扭轉命運的力量越大；態度越好、越正向，越能招來更多機會。

所以命運與機會互相倚伏，互為因果，我們每天都有選擇命運的機會，也都能把握機會改變命運。

- 命運會捉弄人，但機會永遠在自己手中。把握機會，你就能主宰命運。
- 機會只給出手的人，有出手就有機會改變命運。記得《動物方城市》最後唱的：《嘗試一切》（*Try Everything*）：「沒有人在成長的路上不曾遭遇失敗／我不會放棄／我不會退讓／直到我抵達終點。」「鳥並非一直翱翔高空

／他們會跌落雲霄／也會展翅高飛……／也許我們沒那麼快到達／但我們會全力以赴。」

• 不管是自己架梯，或是站在巨人的肩膀上，站得夠高，才更容易看到人生的未來，看到更多的機會。

你如何面試自己？

人生無處不面試

大學個人申請要面試；畢業進職場要面試；換工作要面試；教師甄選與校長遴選或調校要面試；被選入閣或遷調也要面試；古代帝王選妃也要面試，無法一一檢視，至少也要找個畫工描摹一下，然後呈給皇上，由皇上勾選，這是另類面試（後來才有昭君和親的悲劇），甚至聽說連要登入仙班成為神仙，也要面試，先見東王公，再見西聖母，玉帝面前領個牌，沖出九霄拜三清。果真如此，我們凡人參加面試也就比較能心平氣和了。

人際關係與溝通互動是最普遍而被忽略的「面試」。你看／碰到一個人，決定是否理他，甚至與之進一步互動交往，那是無形的「面試」在暗中驅動。有人特別喜歡某種身材、長相、氣質的人，包括你喜歡某支球隊、某個物品、某種食物等，也是你「面試」的那把尺在左右，那是你的「面試」標準，這種「面試」常有「成見」影響你給對方的成績。至於一見某人某物就天雷勾動地火，不可自拔，只想立刻擁有，完全沒有「自制」力，這是「直接錄取」，此時「面試」都省了，不過「後果」要自己承擔。

人生無處無時不在面試。一般而言，面試不外想要了解你的：個人經歷、人格特質、應變創新能力、團隊合作精神、品格操守、對未來工作／人生的看法等。基本上面試題目都有跡可尋，大部分參加面試者也都會針對「考古題」或事先想得到的題目做準備。

至於面試碰到一些特殊／搞怪題的機會畢竟是少數，是特殊單位的特殊安排，如「你們學校一般評價不高，你有何特別？」「貴校升學表現不佳，即使你是校排前百分之二，但還是比其他都會區中段學生的素質差，我們為何要錄取你？」「本校前陣子偷手機／虐殺動物上報的同學就是貴校來的學生，貴校的品格教育是否出了問題？」「請證明二加二等於四」（相傳是牛津面試題）「一天內，時鐘的時針與分針會重疊幾次？」「你是一艘海盜船的船長，你們發現了一箱黃金，現在船員要投票決定如何分贓這些黃金。如果你只獲得不到半數船員的支持，你就得死，請問你要如何建議分配方式，才能讓你自己既分到很多黃金，又能活著離開？」「塞滿一輛校車，需要多少顆高爾夫球？」（以上傳說都是Google面試題），還有「清洗全臺北市的玻璃要多少錢？」等，最近又在網路看到一個面試題：「你搭公車，看到有個男生褲子拉鍊沒拉，你要怎麼提醒他？」

我們只能說人生無奇不有，「面試」題也就見怪不怪了。

你可能不知道，面試其實是你之前所有綜合能力（畢生功力）的總測驗，是無法臨時抱佛腳的。從你出生，各種「面試」早已開始，所以工作失敗、人生不如意不要抱怨，可能是你的某種「面試」沒有通過，而你不知道。

一般的面試主考官都是別人，自己只是「俎上肉」。如果今天你參加的不是升學、求職面試，而是你的人生面試，主考官又是你自己，你會如何出題（給自己的考驗）？你又會如何準備（充實各種學能與人生經驗）？你會蒐集考古題（參考別人的做法與因襲別人的觀念或複製自己過去的經驗）嗎？你會如何給自己評分，更重要的是你如何決定自己是否過關，被自己錄用（自我要求高低）？你會幫自己作弊、幫自己放水（低標要求自己、總輕易原諒自己）嗎？

面試的N種思考

面試其實就是兜售自己，尋找最好的買主，或者尋找最適合的人才。眾所皆知的「渭水訪賢」，其實是一場創意表演與行為藝術，兩個人互相面試對方，文王想要證明呂尚真有實力襄助他，而呂尚則要面試文王是否值得輔佐，同時依據文王的表現（拉車多遠）決定周朝國祚。其他類似的訪才故事也大抵若此，如「三顧茅廬」，何嘗不是劉備與孔明互相「面試」的結果。

〈虬髯客傳〉中的紅拂女在楊素家遇見李靖，未經李靖同意就「偷偷」面試人家，面試結果很滿意：「閱天下之人多矣，未有如公者。絲蘿非獨生，願託喬木，故來奔耳。」而李靖深夜遇到來奔的紅拂，也稍微「面試」了一下：「公曰：『楊司空權重京師，如何？』曰：『彼尸居餘氣，不足畏也。諸妓知其無成，去者眾矣，彼亦不甚逐也。計之詳矣，幸無疑焉。』……觀其肌膚、儀狀、言詞、氣性，真天人也。公不自意獲之，愈喜愈懼，瞬息萬慮不安，而窺戶者無停履。」這是標準的面試模式，既看身家，也看儀表態度談吐，面試結果非常滿意。這不但是「面試」，簡直就是私下相親了，其行徑今人或有不如。

至於後來虬髯客二見唐太宗，第一次「既而太宗至，不衫不履，裼裘而來，神氣揚揚，貌與常異。」虬髯客見之心死。第二次與道士同見太宗：「俄而文皇來，精采驚人，長揖就坐，神氣清朗，滿坐風生，顧盼暐如也。道士一見慘然，斂棋子曰：『此局全輸矣！於此失卻局，奇哉！救無路矣！復奚言！』」這次見面不但放棄逐鹿之心，還把經營多年的基業透過李靖全數「捐」給唐太宗。這種面試有點 men's talk 的味道，但大概是有史以來「面試」所得／失最大的一次吧！

孔子周遊列國，希望謀求君王重用，可以施行仁政，他先後到過衛、曹、宋、鄭、陳、楚等列國「面試」多次，不但失敗，沒有得到重用，還幾次身陷絕境，差點丟了性命。最後也只能說：「君子固窮，小人窮斯濫矣」，以擇善固執自我安慰一番。

看來面試當真能影響一個人的命運與一生。

面試自己最難

電影《鋼鐵英雄》中的主角戴斯蒙多斯，因宗教信仰逃兵，即便後來參軍了，仍拒絕攜帶武器和殺人，因此從入伍開始就受盡奚落與霸凌，還被監禁，甚至差一點遭受軍法審判。

戴斯蒙多斯「面試」的主考官是自己，也是上帝，是很難的刁鑽題：「你是一個瘦竹竿，又不想拿槍，你為何要從軍，你如何殺敵、保護自己？」他的信念或曾動搖，但他還是勇敢堅持下去。他憑著毅力與勇氣，終於通過面試，在沖繩島一役中冒死成功拯救超過七十五名戰友的生命，得到杜魯門(Harry S. Truman)總統授予榮譽勳章，成為備受愛戴的榮譽反戰人士。

《海邊的曼徹斯特》的主角李錢德勒面對的面試題包括自己內心的陰鬱、創傷、封閉，還有叔姪兩代之間的隔閡，不但不好處理，而且環環相扣，看似單純卻又糾結在一起，重要的心結解開，其他才能迎刃而解，但是一旦身陷過去憂傷的泥淖，將是治絲益棼。「你過去曾經遭遇這麼大的災難，現在又面臨兄長去世，還要思考如何與姪子相處，要不要擔任他的監護人？還有是否願揮別過去，接受一段新的感情與人生？」這是主角的面試題，從電影的餘韻來看，叔姪雖彼此療癒，但主角似乎未完全通過自己與上帝的面試。

《月光下的藍色男孩》（*Moonlight*）講述黑人男孩夏隆的性向認同與找尋自己、定義自己的故事。柔和中帶點感傷的音樂與灰藍的色調貫串整部電影，節奏緩慢，帶有一種詩／失意般的哀傷，故事非常真實卻更殘酷和動人。

夏隆小時候就無父，母親吸毒，無法好好照顧他，他長得瘦小常被霸凌，因此一路 blue 到大。長大後的夏隆身材壯碩高大，但體內長久以來一股蠢蠢欲動而無以明之的情愫卻不斷滋長，更時時「騷擾」自己。他生命中只有兩個人和他特別親近，一個是像父親又像「精神導師」的尤安，他教導夏隆「在重要時刻要決定自己將成為怎麼樣的人，不能讓別人幫你決定。」另一位是「青梅竹馬」的同伴凱文，他啟發夏隆忠於自己的感情性向，勇敢作自己。

夏隆面對的自我「面試」題也是刁鑽難以作答的：「我到底是誰？我為什麼與世界／人群格格不入？這世界到底有沒有我容身之處？我到底喜歡哪一種性別的人？我的情感與人生出路在哪裡？難道我的前途就像月光下那片

大海，茫然看不清楚嗎？」面對無邊無際的藍灰色大海，象徵主角的人生面試題將如影隨形陪伴他一輩子，如茫茫大海一樣橫無際涯。

以上電影或許有點憂鬱、沉悶、低沉，來個比較正向、快樂一點的吧！《關鍵少數》(*Hidden Figures*) 改編自一段不為人知的真實故事，描述三位非裔女性數學家凱薩琳強生 (Katherine Johnson)、桃樂斯范恩 (Dorothy Vaughan)、瑪莉傑克森 (Mary Jackson) 克服性別、種族與專業上的種種考驗，於一九六〇年代太空競賽時期在美國太空總署 (NASA) 貢獻一己之力，幫助美國約翰葛倫 (John Glenn) 成為首位送入地球軌道的太空人。這項任務的成功建立美國人的信心，進而讓美國超越俄國，站穩太空科技領先者之位。

六〇年代的美國，女性地位本來就比較低，何況黑人又是少數族裔，地位更卑微，不管求學、工作都備受歧視。這三位傑出的女性優秀數學家，雖然都身懷絕異的秉賦，仍受到鄙視與忽略，有「專用」的洗手間、辦公室，工作與升遷受到排擠，即使是自己的工作成果也遭掠奪，不能在研究報告上掛名。這三位傑出的非裔數學家在奮鬥的過程中面臨的自我「面試」題很簡單卻也艱難：「你想成為職場上的一般大眾，還是非凡的『關鍵少數』？」

「是該繼續抱怨，安於現狀，還是停止抱怨，將時間花在找解答、找方法，過一個非凡的人生？」最後她們憑藉自己的專業、堅持與努力不懈，終於打破藩籬，通過考驗，贏得尊重與該有的地位。

人生的面試早已開始，你做好準備了嗎？

自我面試就是一種自我考驗

- 人生面試何能免，自我面試更是何其難，當自己面試自己時，請不要放水，畢竟自己這一關通過了，對別人的要求才能理直氣壯。
- 人生面試何能免，自我面試請不要太相信考古題，避免因襲、依賴，沒有創意，甚至重蹈覆轍。
- 人生面試何能免，自我面試的準備不是始於現在，考題更不是單一層面，而是從出生就開始，每個成長歷程與學習履歷都影響你的面試成績。電影《樂來越愛你》中女主角接受面試的畫面令人印象深刻，唯有全心投入，做好準備，不怕失敗，有自己的故事才能感動人，面試才會成功。

・人生面試何能免，有自己面試自己的經驗，你才知道如何面試別人，你才有同理心、同情心，知道別人答題時心裡的OS。

4

兩好球三壞球

你的名字叫「正」逢時或「未」逢時？

站在風口，豬也能飛！

每個人都希望生能逢時，在對的時間碰到或跟到對的人，有人知遇，而不喜歡英雄末路、文人失志，生不逢時。

小米創辦人雷軍說：「站在風口，豬也能飛！」顯示掌握時機，比實力好壞更重要。

每次大選結束，敗選者都會說「大環境不佳，影響選舉結果」，一副「非戰之罪」的樣子，這是另一種「生不逢時」的感慨。

沒錯，時機不對會抵銷努力的成果，時機對了，則會「搏扶搖而直上」，但真相真的這麼簡單？「時機」對，推什麼人，怎麼選都上？反之，再怎麼努力也是枉然？

《詩・大雅・桑柔》：「我生不辰，逢天僤怒。」電影《倩女幽魂》中燕赤霞說：「其實做人，生不逢時，比做鬼更慘。」好可怕的一句話，用來形容有「抱負」卻「生不逢時」的人倒是很貼切。

孔子曾任高官，但也有「過宋之危」、「相失於鄭」、「受困陳蔡」，率眾弟子周遊列國，輾轉於衛、曹、宋、鄭、陳、蔡、葉、楚等地，然而均未獲重用，說他「聖之時者」，其實也是最生不逢時的人。

人生「正」逢時才能讓才華有加成作用，偏偏生不逢時與懷才不遇常相糾纏，而這「正」是文人之嘆。

生不逢時其實是一種「錯過」，而錯過的人事物總是最美。「還君明珠雙淚垂，恨不相逢未嫁時」是一種錯過，是一種「美麗的錯誤或遺憾」。在對的時間遇到對的人，最美；在不對的時間遇到對的人，是錯過，是最遺憾，這也是一種生不逢時。

只有在對的時間，碰到對的人，愛情才能美麗，偏偏愛情常在錯的時間遇見對的人。

生不逢時「扼殺」多少人，更阻殺多少情？

生不逢時是一種痛苦，如果愛情不能夠逢時，那也是一種痛。

在對的時間，遇見對的人，是幸福；在錯的時間，遇見對的人，卻只能嘆息。

愛情要「逢時」需要幾分運氣，徐志摩愛上林徽因沒有錯，錯的只是時間，林徽因告訴徐志摩：「如果愛情和道德之間，必須有一個決定，那麼，這就是我的決定。」因此，林徽因選擇了梁思成。

《麥迪遜之橋》女主角芬西絲卡是一位有夫之婦，每天汲汲營營於家庭生活中，所有的日子都圍繞著丈夫與孩子。直到某日丈夫帶著孩子前往他鎮比賽，她決定一人留下來獨處四天。就在這四天，卻因一位外地攝影師的闖入而改變一切。這位攝影師讓婦人找回了許久未見的夢想與快樂，這四天成為他們彼此的祕密，但是最後在幾經猶豫掙扎後，她仍決定守著她的婚姻，拒絕和男主角浪跡天涯，因為「時間」已過，「時間」不對。

徐志摩有愛的勇氣，芬西絲卡有愛的機會，但卻不逢時；時間不對，即使愛得再轟轟烈烈也是枉然。

每個人都想成為「正逢時」，但不是每個人都那麼幸運。

時機／時代隨時在拋棄你

現實就是這麼的殘酷，時代拋棄了你，從不會提前跟你打招呼，更不會對你說一聲抱歉。

許鞍華執導的《黃金時代》講的是蕭紅的故事。蕭紅生活在一個不適合她的時代，雖然盡力掙扎——逃婚、私奔、逃出小旅館、挺著大肚子賴在報社、果斷棄兒……她盡一切的力，只想「安安靜靜地寫作」，但是不能如願，這是生不逢時。

《模仿遊戲》敘述電腦之父圖靈（Alan Turing）懷才卻生不逢時的故事。圖靈是一個性格孤僻和擁有古怪思維，甚至是自閉的年輕人，不善交際，說話過分直率，欠缺同理心，常常誤解別人的意思，造成社交上更大的困難，但他對數字與解碼擁有強烈的興趣與天賦。二戰期間，他利用天賦才能，不眠不休，發明了一部聲稱能解開所有密碼的機器，替盟軍破解了德軍的重要情報，及時拯救全球約一千四百萬人的性命，亦縮短了二次世界大戰的時間。

但這位充滿數理智慧的天才，卻因獨特的性取向不見容於當世，雖然有功於國家，卻沒有得到任何嘉許，反而因堅持性取向而被定罪甚至被社會遺棄，鬱鬱寡歡多年，最後自殺身亡，一顆天才彗星就這樣消殞。儘管後來獲得英國女王追授死後赦免狀，但天才已渺杳。或許我們會慨嘆，如果他晚生幾年多好，但是如果他晚生幾年，誰又來及時解救二戰那些生靈？萬事難兩全，先行者總是寂寞，而遺憾總是令人唏噓。

《論衡》：「昔周人仕，數不遇，年老白首，泣涕于塗。人或問之：『何為泣乎？』對曰：『吾仕數不遇，自傷年老失時，是以泣也。』人曰：『仕奈何不一遇也？』對曰：『吾少年之時，學為文，文德成就，始欲仕宦，人主好用老。用老主亡，後主又用武。吾更為武，武節始就，武主又亡。少主始立，好用少年，吾年又老。是以未嘗一遇。』仕宦有時，不可求也。」

《後漢書・張衡列傳》：「上至郎署，見一老郎，鬢眉皓白，問：『何時為郎？何其老也？』對曰：『臣姓顏，名駟，以文帝時為郎。文帝好文而臣好武，景帝好老而臣尚少，陛下好少而臣已老，是以三葉不遇也。』上感其言，擢為會稽都尉也。」

仕宦真不可求，因為「生不逢時」，如果生逢其時，是否一切都變可求了？

我們常告訴學生，選擇志願不能光考慮現在的「夯系」，因為現在最「夯」的，畢業之後可能「破銅爛鐵」不如。「舊三師」是理髮師、裁縫師、廚師，「中古三師」是醫師、律師、會計師，聽說「新三師」是殯葬業的禮儀師、SPA業芳療師與形象管理顧問，也有人說是負責「陪睡」的睡眠技師以及侍酒師、豪宅家事管理師，真的嗎？

數位時代什麼都快，所謂「世代」的遞嬗也比以往迅速，工作、職業的「夯度」或「保鮮度」更不如以往久，連帶的所謂「生不逢時」的機會就大幅提升，所謂的「有志之士」是否做好準備，隨時都是「正」逢時呢？

所謂「正」逢時，就是一種與時俱進

時代像一列快速行駛的列車，當列車轉彎時來不及調整方向的人就會被甩出車外，這是現實。因此，「正」逢時的人，其實也就是能與時俱進，不斷調整自己的人。

小時候看的是厚重的電視，看的是錄影帶，現在看的是 DVD 或更高檔的「藍光光碟」；以前聽的是錄音帶，現在聽的是 CD、MP3 或是音樂串流，Netflix、KKbox、YouTube 等，以前的電腦又笨又重，現在是輕、薄、小，攜帶方便，甚至還有各種平板電腦，連手機都進化到可以當電腦使用；以前拍照需要底片，現在則是數位化處理，還有各種美化與編輯技術。

柯達 (Kodak) 曾經是攝影界的「老大」，在底片時代幾乎壟斷市場，傻瓜相機更算得上是經典，可是一旦數位相機出現，對手大力進軍數位行業時，作為老大的柯達堅持繼續做底片，等想轉換時已來不及了，被索尼 (Sony)、尼康 (Nikon) 等數位公司打敗，不得不在二〇一二年申請破產。但是就在索尼、尼康等數位公司還在為勝利開心慶功時，卻又突然發現，智慧手機越來越普及，拍照的像素、性能越來越高，已經漸漸取代數位相機的存在，於是尼康關閉了部分工廠。

講到手機，我們不得不提諾基亞 (Nokia)，那個曾全球銷量第一的品牌，因為固守著原來的系統，最後也逐漸被取代，淪落為漸漸被遺忘的三線品牌。

大潤發於一九九七年進入中國大陸市場，很快地就成為中國零售業龍頭，可是到了二〇一七年，剛好二十年，大潤發被阿里巴巴收購。大潤發的創始人黃明瑞在離職的時候感慨說：「戰勝了所有對手，卻輸給了時代。」「當時代選擇拋棄你的時候，是不會和你說一聲再見的。」

或許真是如此，當你在和同業競爭時，自以為跑在他們前面，總覺得戰勝了他們，可是到頭來卻發現，自己就算贏了同行，卻輸給了「時代」。馬雲說過：「人如果停止了學習，就開始走向失敗。」其實應該更具體的說，即使你沒有停止進步與學習，「時代」這個「對手」還是一直在你四周虎視眈眈，隨時要打敗你。

我們只能說，世界在快速改變，工業革命時代，一百年的進步等於之前所有進步的總和，現在一年的進步則是「十倍數變化」，當未來AI智慧更加成熟後，就只能以「一百倍數變化」甚至「一千倍數變化」或「無窮的變化」來形容了！屆時誰敢保證自己永遠「正」逢時？

改變自己成為一隻能預知未來的「黑天鵝」

不管什麼時代，所謂「聖之時者」應該就是能迅速掌握現在，預知未來的人。今天的「時尚」可能就是明天的「傳統」，甚至「化石」。

所謂「生不逢時」，有時是時空不利自己，如選舉，有人實力不錯，服務到位，但是就是敗給新人或「空降」，原因之一可能就是「時空不利於己」，也就是「生不逢時」；有時是自己能力或觀念、作法已不合當下所需，此時與其抱怨「我比別人卡認真，我比別人卡打拚，為什麼？為什麼比別人卡歹命？」不如突破「生不逢時」的魔咒，讓自己成為一隻克服時勢，預見別人無法察覺的未來變化，而讓人驚詫的「黑天鵝」，開創屬於自己的「藍海」。

蘇軾一肚子「不合時宜」，就是典型的「生不逢時」，但是政治失利，卻開啟文學創作、書法、繪畫、美食，尤其是人生超拔的「藍海」，反而「不朽」。

蘋果（Apple Inc.）擴張成全球企業時，賈伯斯（Steven Jobs）堅持投入大量公司資源去研發未經同意的產品「麥金塔」(Macintosh)，這讓他與公司董事會鬧翻，迫使他交出主導權，十多年後，新董事會認為只有賈伯斯能恢復蘋果昔日光輝，因此賈伯斯重新掌舵。這證明賈伯斯在當時是一隻「黑天鵝」，能逆勢操作，預知未來，甚至創造未來。你想當「正逢時」，就要有當一隻時代「黑天鵝」的認知與準備。

與時俱進，不斷 update 自己

沒有生不逢時，只有技不如人。抱怨自己生不逢時，不過是懶漢們最標準和最空洞的套話。有才華固然很重要，但重要的是不斷吸收新知，不斷進化、update，讓自己像一隻 iPhone 手機，每年都有一個新版本，每年的「果粉」都不斷。

培養多把刷子，降低風險

教育在培養每個人的「專業」，每個人也都要有屬於自己「闖江湖」的一

把刷子，但是面對多元與變動不居的時代，「一招半式闖江湖」還不夠，必須培養自己多元能力，隨時保留「一招」可以應付不同的「大環境」的敵人。

最好的方式就是讓自己成為π型人，橫跨雙領域，一個領域是現在幾年內正時尚的工作能力，同時預估未來世界的需求，不斷進修、培養自己的「預備能力」，一旦世界轉變，自己隱藏的「第二」、「未來」專長就可以派上用途。

有時短暫「懷才不遇」或「生不逢時」是必要的：堅持與等待

「變得快」、「替換率高」、「沒有人永遠站在浪頭上」是變動不居時代的鐵則。今天的主角是明天的配角，每個人都有屬於自己的小舞臺，但是當這個舞臺不屬於你時，便會黯然失色；因此，一時失意不必急著放棄，即使眼前人不懂得欣賞你並不要緊，或許在將來，或許在另一個角落，會有另一批知音。

沒有人可以放棄你，除非你先放棄自己。

等吧！機會會到來，命運會翻轉，但是別忘了，等待不是無所事事，而是為迎接另一個高峰作好準備。

馮唐易老，李廣難封，韶華不再，各位「逢時」們，你要改「姓」了嗎？還是永遠都姓「正」？

人生何能「定風波」？

人生總是風波不斷

人生總是風波不斷，大大小小，像殺不盡的壞人，即使英雄再多也沒用。人生總是風波不斷，如春草，更行更遠還生，即使野火再盛也燒不盡。

因為人生風波不斷，所以德國悲觀主義哲學家叔本華（Arthur Schopenhauer）才說「人生本是痛苦的。」

但是人生風波究竟何來？

達爾文（Charles Darwin）說：「趨利避害是人類的天性。」我們通常不願意去面對生活遇到的問題，只喜歡安逸舒適的生活。因為面對那些問題，就會帶來痛苦，想要解決它們，還會帶來新的痛苦。於是舊問題還沒解決，新的問題又接踵而至，成群結隊的問題讓我們疲於奔命，沮喪、悲哀、難過、寂寞、內疚、懊惱、痛苦和絕望紛至沓來，使我們從而忘了自由和舒適是何物。

基督教認為人的苦難是一種原罪，對苦難只能承擔；佛教則把苦難歸咎於人類自身的思想情感，認為苦的根源是「無明」，由「無明」生出「貪、瞋、痴」三毒，三毒遮蓋人原有的「清淨心」。因此，人從生到死為止，一直在苦海的波浪中翻滾；此外更有苦、集、滅、道「四聖諦」，其中以苦諦為首，說明世間一切皆苦，人生的本質就是苦，這是世間的果報。

人生沒有「風波」是不可能的，養在深閨，長於婦人之手的人活在自己的小天地裡，受到「大人」或「制度」的保護，是不識風波，而不是沒有風波。魯哀公曾問於孔子曰：「寡人生於深宮之中，長於婦人之手，寡人未嘗知哀也，未嘗知憂也，未嘗知勞也，未嘗知懼也，未嘗知危也。」魯哀公如此不知風波，另一個亡國之際只能「倉皇辭廟」、「揮淚對宮娥」的李後主更是如此。至於現在仍有許多「不知民生疾苦」的人，也是另一種不識人生有風波的人。

說實話，如果真能一生無災無難或者不知有難多好，問題是，現實不會對我們這麼好，人生也不可能永遠風平浪靜，一旦風雲詭譎，人生多變，你是否有定波神針？

一直很喜歡蘇軾，認為他是古代「文壇」或藝文界的「十項全能」，唯一的遺憾是人生遭逢幾多困蹇；我更喜歡他的〈定風波〉：「莫聽穿林打葉聲，何妨吟嘯且徐行。竹杖芒鞋輕勝馬，誰怕？一蓑煙雨任平生。料峭春風吹酒醒，微冷，山頭斜照卻相迎。回首向來蕭瑟處，歸去，也無風雨也無晴。」深信唯有像蘇東坡這樣真正經歷過大風大浪及地獄無間走一回的人，才有這種大超拔及大頓悟。

寫這闋詞時蘇軾謫居黃州（今湖北黃岡縣）已第三年。從自然現象談人生哲理，在簡樸中見深意，尋常處生波瀾，展現被貶謫後，自己對生命更豁達轉化的超拔。

我常在想：人生幾多風波，人生何能定風波？

蘇東坡的「痛」及「苦難」部分來自主觀個性（滿肚子的不合時宜），部分來自客觀因素（新舊黨爭、小人相嫉）。但不管如何，他死裡逃生（豐富的才情救了他）。在宦海輾轉浮沉後，蘇軾選擇在體制內順命、俟命、安命，再以豐富多元的品味與嗜好，曠達自適、無處而不自得，不但度過人生困境，反而開啟另一層曠古絕今、傾蕩磊落的人生。

屈原和蘇軾一樣忠貞愛國，也是「懷才不遇」，堅持「美政」理想、堅持節操，為國家及理想「雖九死而猶未悔」，最終卻免不了「露才揚己，怨懟沉江」，留下多少唏噓。

陶淵明雖自謙說自己「少無適俗韻，性本愛丘山」，卻也曾有大濟蒼生的凌雲壯志，他說自己「少時壯且厲，撫劍獨行遊」、「猛志逸四海，騫翮思遠翥」，但在黑暗的政治下無從表現，最後選擇不為五斗米折腰、守拙歸園田。在南山下種豆，過著「採菊東籬下，悠然見南山」的無我境界，雖然飢寒交迫，卻也能「不喜亦不懼」，來自自然，復歸自然，把典範常留人間。

以上正好展現三種不同的生命情調與人生面對困境時的三種不同樣態，選擇不同，人生「下場」也不同。

人生風波何來？

人生風波不斷，或隱或顯，有的有徵兆，有的常莫明所以。一人定勝天，卻掌握不住「無常」。一場「彩色」派對變成黑白與死寂；一場空難讓人生從天堂墜入地獄；一個為「理想」或「運動」挺身而出，最後卻以身相「殉」；或者只是單純「家中坐」卻「禍從天降」，加上職場上「小人」刻意構陷，不管明槍或暗箭都讓你難躲，這些都是無從掌握的人生，面對這些「無能為力」，我們當如何？

看電影的人都知道「蝙蝠俠」也有陰暗的一面，「蜘蛛人」也有懦弱退縮的時候，「綠巨人浩克」有時控制不了情緒。《我想念我自己》(*Still Alice*) 則描述才智過人、事業家庭有成的大學教授愛麗絲突然發現罹患「阿茲海默症」，將一步一步失去記憶（連導演兼編劇葛拉薩 (Richard Glatzer) 構思《我》片時，也被診斷出患有漸凍人症，電影上映不久也撒手人寰）。但愛麗絲發現失去記憶並不代表失去生命中的一切，她為了克服生活的不便及逐漸遺忘的一切（包括自己），她利用手機與電腦記下當下所發生或將來要做的事以提醒自己，「失憶（意）」沒有打倒她，反而改善親女之間的關係，從失望、失能中重新找回適應未來的人生之道，為所謂的「活在當下」做最好的演繹。

人生要「定」風波

《進擊的鼓手》（*Whiplash*）主角安德魯為了成為樂團第一號鼓手，被指揮以非人手段操得半死，安德魯也不計代價瘋狂練習，為獲得肯定，狠心斷絕自己與外界不必要的接觸，終將自己推向技藝高峰。《愛的萬物論》敘述絕世天才、舉世聞名的天體物理學家史蒂芬霍金（Stephen Hawking），本來在學術研究上意氣風發，還有嬌妻相伴，不幸被診斷出罹患運動神經元疾病，將失去肢體活動的能力，連說話都會受影響，而且只剩兩年壽命。雖然身體每況愈下，但他的心智卻能持續突破物理學的界線，克服了不可能的難關，跌破了醫學和科學界的眼鏡，到達他們所想像不到的境界，而本尊活到二〇一八年才病逝。

美國總統林肯（Abraham Lincoln）是世人公認的偉大總統之一，但他的奮鬥與崛起過程並非一帆風順，反而困境與「風波」不斷。他憑藉的是遠大的理念與永遠不畏困難、堅持到底的精神。他出生在一個農民家庭，從政之前做過很多艱苦的工作，但後來失業了。他下定決心要當政治家，但是競選參議員卻常失敗，創業不到一年，企業倒閉，之後的十七年，他為債務所苦，到處奔波，歷經磨難。後來他參選州議員雖然成功，連任卻失敗，還因此賠了一大筆錢。訂了婚，可是離結婚還差幾個月，未婚妻卻不幸去世。首次競選總統，被對手打敗。這些打擊挫折，非常殘酷猛烈，然而林肯卻堅持下來，沒有灰心喪志，終於一八六〇年當選美國總統，並贏得「南北戰爭」，奠定後來美國成為世界強國的基礎，也為世人留下「民有、民治、民享」的典範與追求目標。

人生風波何能免？不管你是winner（一般人多翻譯為「溫拿」，但我覺得「穩拿」更傳神）或常是loser，人生風波常是不斷，各有各的「風波路」要過要闖，如果可以選擇，你喜歡以哪種態度（上面蘇、屈、陶、貝多芬或者其他）面對？

所謂「醉過方知酒濃，愛過方知情深」，同樣地，是否真正痛過的人才能定風波？但是一次大痛非一般人能承受，累積許多小痛小挫折，是否也可以讓自己「三折肱而成良醫」？或如大家常說的「常生個小病的人反而不易生大病，或者生病時比較熬得過去，反之，不病則已，一病就不起」？人生風波不斷，是否可以做如是觀？

人生要「定風波」，需痛得夠深，痛得夠多，不要製造風波，但不要拒絕「風波」，所謂不恃「風波」之不來，正恃吾有以待之。還有：

- 涵養足夠的識見：分辨風波所從來，選擇面對的態度，解決風波。
- 培養多元興趣：分散風波帶來的低潮，蓄積再起的能量，蘇軾就是最好例子。
- 正向思考，創造陽光人生：風波最怕與憂鬱「共伴」存在，那就是「雪上加霜」，要永遠迎向陽光，風波才能止息。
- 結交實體知交：走出網路的框框，人際之間面對面的溫度與鼓勵常是靜定風波的良藥。

•放過自己：風波一來最怕沉溺其中無法自拔，甚至以命相殉，切記：只要「留得青山」，永遠有下一個機會。

•改變自己，縮小自己：部分風波來自「爭與讓」的糾結與鬥爭，此時何妨暫時縮小自己；縮小自己，世界才會變大。不要忘了「蟻人」是在極端縮小自己時力量才最強大。

•原諒「敵人」：與「逆境」乾杯，向「風波」致敬，跟「挫折」握手，這永遠是打敗他們的第一步。

少年得志大不幸，少年有「痛」最堪憐，卻也最幸運，因為你的傷已結痂，因為你已經得到人生病毒或各種症候群的「免疫力」。

人生「風波」何能免，唯有超越，才能真正定風波。

人生風波不斷，風波難定，至少，心要定。

打破人生的魔咒

二〇一八年美國大聯盟球季結束，我國旅美一哥陳偉殷總共投了一三三．一局，成績六勝十二負，防禦率四．七九，其中主場先發十三場，戰績五勝三敗，防禦率僅一．六二；但客場先發十二場，戰績一勝八敗，防禦率高達九．二九，主客場的表現判若兩人，有人說這是「客場魔咒」。

臺灣第一位登上正式運動項目（高爾夫球）世界第一的曾雅妮，可能被大家逐漸遺忘了，她自二〇一一年榮登世界球后之後，成績就一直下滑，不但一冠難求，排名更直落至二百多名，想進「名人堂」的希望可說已完全斷絕，大家都在問「曾雅妮怎麼了？」她中了什麼「魔咒」嗎？

二〇一六年《與神同行1：神的審判》在臺創下近五億票房紀錄，不但把「韓流」推向高峰，更促成二〇一八年《與神同行2：最終審判》接續上映，延續上集的熱賣，創下十天賣破三億的紀錄，片子捧紅許多韓星，但許多人可能不知道這系列賣座電影是根據周浩旻的漫畫改編，而周浩旻早先在韓國卻有一個「破壞王」的魔咒，其魔咒「威力」強大無匹，當之者無不「披靡」。

周浩旻大學就讀動畫科系，因某種原因休學入伍，沒想到入伍後，原就讀的科系被廢除；當兵分發的軍團，在他退伍後也被其他軍團合併；退伍後在家樂福打工，後來家樂福卻撤離韓國；在韓國雅虎連載漫畫，之後雅虎也退出韓國市場；去青瓦臺拍照，不久總統朴槿惠因弊案纏身下臺。總之，他接觸過的單位，無一難逃「不幸」的魔咒，但是他創作的《與神同行》漫畫改編成電影卻大賣，一舉打破「破壞王」魔咒。

法國愛情喜劇《帶ㄙㄞˋ男朋友》(*The Second Chance*)描述天生帶塞的兩性專家，教別人談情如魚得水，自己交女友卻常害對方倒楣，好不容易他終於遇到夢中情人，這次他提前預防各種慘事發生，希望能打破愛情魔咒。「真愛」有辦法破除魔咒嗎？這是電影，現實人生如果發生這樣的事，你覺得是幸或不幸？又該如何破解？

魔咒，魔咒，多少人破除，翻轉；多少人受困其中，尚待翻身。

何謂「魔咒」？

人生懼怕的東西很多，其中有一項雖不致要命，但是令人疙瘩滿身，心裡恨得牙癢癢的，就是無可奈何，那就是人生的魔咒。

在你成功前，魔咒讓你如孫悟空被壓在五指山下，永遠無法翻身。只是孫猴子總有等到唐三藏為其解除「魔咒」的一天，但人生「魔咒」有時卻無「貴人」助你解除。當你成功了，魔咒則成為緊箍咒，「唐僧」一天念個幾回，讓你無法突破，無法再上一層樓，不幸的還因此產生悲劇。

何謂「魔咒」？很難定義，大致而言，就是橫阻在你面前，要你突破卻暫時突破不了，或者在你功成名就後，阻擋你更進一步甚至維持現狀都不可得的無形窒礙。

世上的魔咒無奇不有，有的「像真的」有那麼一回事，有的則是無稽之談，可以科學分析破除。

人生何處無「魔咒」？

人生「魔咒」何處不有。

棒球有魔咒，有的已破，有的還沒破，如「芝加哥小熊隊的山羊魔咒」，曾經長達七十年無法破除，是目前最久的魔咒，直到二〇一六年在一勝三敗的劣勢下，奇蹟式地連勝三場，逆轉打敗克里夫蘭印地安人隊，贏得睽違一〇八年的世界冠軍，終結長達七十一年的山羊魔咒，正式擺脫「光緒熊」、「明治熊」的稱號（意指上一次取得世界冠軍的一九〇八年是在清朝光緒三十四年和日本明治四十一年，已非常久遠）。有的棒球魔咒則是無法破除，如「阿扁魔咒」（只要阿扁總統看球，主場球隊就無法贏球，又稱「主場魔咒」），這可能是職棒史上唯一永遠無法破除的「魔咒」，因為「阿扁」已下臺，不當總統了。此外，足球比賽也有魔咒，其中比較有名的包括已超過五十年沒有球隊衛冕成功，擁有「足球先生」的球隊就無法拿冠軍，還有地主開幕戰不敗定律，這些都是「魔咒」。

演藝界也有「金鐘（馬）魔咒」、「奧斯卡魔咒」（好萊塢稱之為「亞布拉罕症候群」）、明星情侶一起走金鐘（曲）紅毯將分手收場的魔咒等。演藝人員得獎後變有名，可是很奇怪，反而沒戲拍，或變成票房毒藥，連續幾部戲都不賣座，就沒人敢找他演了。或者得獎後，地位與名氣跟以前不同，因此影響原本的夫妻或者情侶關係。

另外還有所謂的「超人魔咒」，凡演出「超人」這個角色的，大多沒有好下場，第一位超人寇克艾林 (Kirk Alyn)，因為接演這部電影，戲路被侷限，面臨找不到工作的困境，晚年罹患失智症，於一九九九年過世。第二位超人喬治李維 (George Reeves) 一樣擺脫不了這個角色，沒有其他演出機會，在星途不順下，選擇用一顆子彈結束自己生命。第三位超人克里斯多福李維 (Christopher Reeve)，曾演出四部超人系列電影，看似風光，卻在一九九五年發生墜馬意外，從此半身不遂，並在五十二歲時便早早過世。第五位是布蘭登羅素 (Brandon Routh)，因票房非常慘澹，從此淡出大銀幕，僅在一些影集中飾演配角的角色。不過最新的超人亨利卡維爾 (Henry Cavill) 已演出《超人：鋼鐵英雄》(*Man of Steel*)、《紳士密令》(*The Man from U.N.C.L.E.*)、《蝙蝙俠對超人：正義曙光》、《正義聯盟》(*Justice League*)以及參與《不可能的任務：全面瓦解》，不但「平安」，而且聲勢不墜，演技還深獲好評。這又要如何說？

不只演藝圈如此，連最受尊崇的諾貝爾文學獎也有「魔咒」存在。其一是相傳有「短篇寫作不太可能得諾貝爾文學獎」的魔咒，但是這個魔咒二〇一三年被有「加拿大契訶夫」美譽的孟若(Alice Munro)打破。其二則跟演藝圈類似，相傳作家一旦獲得諾貝爾文學獎，便很難再創作出超越從前作品的新作。一九六八年十月十七日，川端康成以《雪國》、《千羽鶴》及《古都》等獲得諾貝爾文學獎，是歷史上第一個獲得此獎的日本人，可是他卻在一九七二年四月十六日在工作室的公寓含煤氣管自殺。海明威一九五四年以《老人與海》(*The Old Man and the Sea*)奪得諾貝爾文學獎，可是卻於一九六一年七月二日在自家以雙管獵槍自殺。有人說川端康成及海明威是因得獎後壓力大，再無法寫出突破性作品，加上其他因素因而自我了斷。

至於諾貝爾和平獎也有魔咒。一九九〇年前蘇聯領導人戈巴契夫(Mikhail Gorbachev)因為促使冷戰結束、鐵幕瓦解而獲得和平獎，但是卻在隔年度假時遭遇政變，蘇聯跟著解體，他也被迫下臺。一九九一年緬甸民主領袖翁山蘇姬 (Aung San Suu Kyi) 獲得諾貝爾和平獎，但是從此被緬甸軍政府軟禁長達二十年，直到二〇一〇年十一月緬甸大選後才獲釋。一九九四年，以色列總理拉賓 (Yitzhak Rabin)、外長裴瑞斯 (Shimon Peres) 及巴勒斯坦領袖阿拉法特 (Yasser Arafat) 因為簽署以巴和平的《奧斯陸協議》，而共同獲得諾貝爾和平獎，但是拉賓在任內遭激進分子刺殺傷亡，重病的阿拉法特則是被以色列「軟禁」在迦薩地區，最後在二〇〇四年十一月病逝。

古典音樂界也有「第九交響曲魔咒」(Curse of the ninth)。據說在貝多芬之後的作曲家，都會因創作第九交響曲後不久便離世，其中包括舒伯特 (Franz Schubert)，不少作曲家因而對此十分忌諱，而不幸言中的受害者，往往都被冠以受魔咒所連累，因此，馬勒 (Gustav Mahler) 在第八號交響曲之後創作的應是序號第九的交響曲，但卻刻意以《大地之歌》(*Das Lied von der Erde*) 之名來「規避」，看似暫時「脫離」魔咒，但是在他提筆創作第十號交響曲第一樂章的幾段後，卻也溘然離世，好像並沒有完全逃過「魔咒」。不過也有不少作曲家能夠擺脫這個魔咒的影響，其中最為大家熟知的是俄國作曲

家蕭斯塔科維奇 (Dmitri Dmitriyevich Shostakovich)。

「魔咒」似乎無所不在，連選舉／政治也有「魔咒」。相傳某縣市的首長都只能擔任一屆，無法連任成功，連在號稱最民主的美國都有現任總統所屬政黨的國會議員席數，歷來都會減少的「魔咒」，不知當今狂人總統川普 (Donald Trump) 是否能打破這個「魔咒」？還有韓國歷來總統在卸任之後多難逃「囹圄」之災等。

人生真有「魔咒」？

其實不管任何領域，得獎是人生最高興，也是工作獲得最高肯定的表示。但不諱言，得獎需要天時、地利、人和，多項條件具足加上適當機運配合，才能成就美事。但環顧創作或工作的過程，並非每部作品或每場賽事都能保持最完美、最顛峰，即使貴為國際影展的帝后或諾貝爾桂冠得獎者也有失敗之作，並非每件作品都好到會得獎，都是扛鼎之作，因此產生所謂「魔咒」自是難免，若加上「大頭症」或自我要求提高，當然可能會讓「魔咒」越來越大，尤其只憑單一作品「成功」的，「魔咒」就更牢固。不是你不行，而是你只成功一次還不夠，必須再接再厲。

魔咒只是一個運氣與實力的循環週期，有時是真的已到頂峰，所以才得獎；既然得獎，大家對你的「期待」就越高，即使維持原來一樣優秀的水準，人家也會因為你「不動如山」的水平而「喜新厭舊」，那不是你不好，而是大家期望你「更好」。

如果你堅持到底，持續努力，就可以打破「魔咒」，東山再起，或者永遠站在最高峰，像國內的黃子佼、潘瑋柏、楊丞琳，國外的如奧斯卡入圍最多次的梅莉史翠普 (Meryl Streep)，還有創造國際影展得獎大滿貫的茱莉安摩爾 (Julianne Moore)，以及既是《派特的幸福劇本》(*Silver Linings Playbook*) 也是《飢餓遊戲》(*The Hunger Games*) 主角的珍妮佛勞倫斯 (Jennifer Lawrence)，因為夠努力，「魔咒」就遠離。

你的「魔咒」是？

很久以前的電影《今天暫時停止》(*Groundhog Day*)，主角因為中了某種魔咒，因而受困在人生中一再重複的某一天，他想盡各種方法想要打破魔咒都失敗了，即使主動尋死也停止不了，直到他完全變成「另一個人」，完全改變自己的人生觀、生活態度，這個「魔咒」才解除。

即使日子在遞嬗，時間不斷往前推進，但我們多數人的生活、人生觀、處事態度、思考的方式、行為的慣性等是否一成不變？我們大多數人的生活其實也在不知不覺中重複著相同的模式，除非有深刻的反省和領悟，不然很難打破「魔咒」，這也是「魔咒」一直和我們糾纏不清的原因。

有人一到大考就胃不舒服，想跑廁所；有人一看到心儀的異性就口吃；這些是否就是自信或準備不足的魔咒？有人失戀的對象都是同樣的類型，這是否也是另一種魔咒？有時父母的愛竟是孩子掙脫不去的魔咒，讓孩子在「直昇機」盤旋下陰影一層又一層。

你的「魔咒」是什麼呢？你準備破除魔咒了嗎？

「魔咒」的產生有主觀與客觀因素。別人比你強、團隊合作烘托不夠、不合時宜、曲高和寡、運氣不好、時空不對，這些是客觀因素。能力不足、信心不夠、患得患失、大頭症、欠缺勇氣、一成不變未能突破、選錯場域，這些則要自己負責。

電影《黑魔女：沉睡魔咒》(*Maleficent*) 翻轉傳統童話《睡美人》的故事，告訴我們「解鈴還需繫鈴人」，所謂「自作孽不可活」，自己下的「魔咒」要自己解，而現實中的「魔咒」，是否也唯有自己能解？德國戲劇家、詩人布萊希特 (Bertolt Brecht) 說：「沒有人會改善你們的命運，如果你們自己不去改善它。」命運操之在我，不在別人手裡，也不在別人嘴裡，而是在自己手裡。同樣地，「魔咒」沒有人會幫我們破除，除非我們自己努力。

經營人脈，尋找貴人

人脈多，貴人就多；貴人多，機會就多；機會多，魔咒就少。

提升實力，強化信心

與其相信命運，不如相信實力；實力好，「魔咒」應聲倒；不一定最強，但一定要比別人強。有信心，相信我能，自然就能。

把握機會，做好準備

即使交通壅塞，最早離開塞車群的一定是前面的人。機會一縱即逝，唯有信心與實力能捉得住，機會永遠給準備好的人，把握機會，及早破除魔咒。

突破患得患失心理

既然人生無法永遠站在高峰，起伏難免，所謂「禍兮福之所倚，福兮禍之所伏」，其中的「福」就是得獎或成就，而「禍」就是「魔咒」，了解成功／魔咒兩者的倚伏循環，「魔咒」就豁然開朗、迎刃而解了。

凡事樂觀，努力做就對了

努力永遠是解決一切問題最好的對策，也是破除「魔咒」最好的法力，成功了是聖人、偉人，不成功也是勇士。

避免大頭症，莫忘初衷

實力與價碼成正比，不必刻意提高身價，只要你值得，身價自然水漲船高。謙沖是「魔咒」最大剋星，「低頭」的人，「魔咒」永遠高高飛過。

魔咒魔咒，疾疾如律令，去！

你在等什麼？

如果要為「人生」寫「一字小說」，我的作品就是「等」；如果寫「二字小說」，那就是「等待」。

不管天地創造、人文創意、科技創新，都來自「等待」，因為「等待」才有一切。

等待是一種美德，是一種最溫馨的改變，以歲月為酵母，以期盼的心情，預約未來的美好，其中融入希望與喜悅。對人情來說，因為「等待」之故，讓一切變得更有味道，更有彈性，更有想像。我們可以說，整個人生就是一個等待的人生。

等待是一種化學變化，也是「萬能」的解藥

中國有一種陳年佳釀，叫做女兒紅。藏在地窖十八年的黃酒，那醉人的

香味經過的年頭越長就越醇厚，據說可以香飄十里。這是因為等待，用歲月醞釀出來的，所謂「地埋女兒紅，閨閣出仙童。」

當你失意或失戀時，大家勸你讓時間沖淡一切，這是利用「等待」解決問題。周文王渭水等姜尚收起釣竿輔佐他、劉備三顧茅廬請出臥龍諸葛，這是「一時」之等；牛郎織女等七夕鵲橋相會，這是「一年」之等；電視劇《琅琊榜》的林殊（後來化名梅長蘇）為了復仇雪冤隱忍了十二年以上；王寶釧在寒窯等了十八年，哈金的「等待」也是十八年，只是一個圓滿，一個破滅；句踐「臥薪嘗膽」，「十年生聚，十年教訓」，單為復國一念，再長再苦的委屈也吞了；法國作家雨果（Victor Marie Hugo）為了《悲慘世界》（*Les Misérables*，另有中文譯名《孤星淚》）前後構思了四十年，這是一種漫長的等待；小熊的山羊魔咒已「等」了七十一年之久，終於二〇一六年破了；李源與圓澤的「三生有幸」，其實是等了「一世」；孫悟空等唐三藏救他，等了五百年；「七世夫妻」是最癡心與無奈的等待，從天上到人間再回天上，從秦朝等到明朝，果真是「千年之戀」；「尾生之信」是最守信諾，但也是最癡愚的「等待」；「等待果陀」則是最虛無，也最能反映隱喻人生的等待。

而就一個教育人員來說，「程門立雪」最令人感動，也最值得提倡。至於等了三天三夜只為跟偶像握個手簽個名，唉，就不說了。

強摘的果子不甜，因為未經等待。等待要有美好結局必須天時、地利、人和等機緣湊合得當，否則「等待」終將一場空。人真正害怕的不是等待，而是那種「永無止盡、沒完沒了」的絕望感，因等待未果造成的絕望是世間的最痛之一。

「等待」質變成4.0，已經回不去了

同樣的等待，古今甘苦的感覺不同，如以往科舉不易上榜，「十年寒窗無人問」，因此等待「金榜題名」就是一條漫漫長路，一旦獨占鰲頭，自是喜不自勝，甚至像范進般得了失心瘋。

古人較保守，等到「洞房花燭夜」，「破瓜之樂」是一生第一次魚水之歡，當然「不亦快哉」；但是今日性觀念開放，人生第一次不一定在「春宵」之後，故「洞房花燭」之樂早被排除在等待之外。又如「懷才不遇」，古人常有

「終南路遠」或「不才明主棄」之嘆，以致無止盡的等待知遇，成為古代士人必修的「等待」課程；反之，現在年年大考、國考不斷，甚至一年還考個幾次。以往沒有「十年寒窗」登不了金榜，現在「幼稚園程度」就可以上大學，要讀個「國子監」（國立大學）已如反掌折枝。而在求職上，可以自我行銷或主動遞交資料「毛遂自薦」，即考即用，不必像古人還要做干謁詩文，甚至問人「畫眉深淺入時無」，然後再痴痴等待那所謂的「明主」不經意地回眸。

戲曲中的王寶釧苦守寒窯等老公回來團圓，夠苦了，就如老兵等待「反攻大陸」返鄉再見當年的「佳人」一樣，雙方如「參商」，真要等到「海枯石爛」還不一定成行，畢竟遠道綿綿不可思，只能夙昔夢見之；哪像現在兩岸天涯咫尺，臺商「朝發夕至」，正是「兩岸『人聲』啼不住，輕『機』已過萬重山」，成為「一日生活圈」了。古代那種「生別常惻惻」，如《詩經・君子于役》：「君子于役，不知其期，曷至哉？雞棲于塒，日之夕矣，羊牛下來。君子于役，如之何勿思！」寫一個女子思念久役不歸的丈夫的情形已不復見。

由古至今，「等待」的況味已經質變，以美食而言，以往等的是「親切」、

「有家鄉味」、「料好實在」、「價格公道」，現在等待的是「夯、潮」、「國際知名」、「有認證」、「打卡熱門」的；以流行文化來說，以往等待的是「純正」、「實力」、「一路走來陪你成長」、「反映時代」的，現在等的是「唱跳」、「特立獨行」、「有主張」、「個性化」的；以往等「大俠」，現在等「英雄」……。以上例子太多了，想舉例，但唯恐一說出口，又退「流行」了。

以往「家書抵萬金」，因為「魚雁往返」不知要飛多久游多遠，還要注意中途風波惡，水深波浪闊，無使蛟龍得；現在癡癡等待的可能只是一個言不由衷的「讚」；以前寄書長不達，現在一個Line三秒行遍全世界。以前等待越久越驚喜，等待越長越珍惜，現在「已讀不回」是常態。

等待本是一種美德，從等待看出個性，看出EQ，更看出修為。蒼鷹攫食，惡虎撲羊，高手出招，甚至小一點的捕蠅草，都是善於等待最佳時機的。

但曾幾何時，現代人消磨等待的時間已趨於一致——大家都靠滑手機捱過等待時光（感謝手機，不然漫漫等待時光還真不知如何「捱」過呢？），智慧型手機竄起，改變「等待」的文化。君不見等公車時，以往的人是左顧右盼，順便瀏覽街景（不管它美麗與否），現在人則是低頭不語，若有所思（其實最發達的是手指頭，最遲鈍的是腦袋）。以前在餐廳用餐，正是親子或朋友互動最佳時機，現在則忙著拍美食照片，然後上傳社群網站，完全沒有「溝通」的時間。其他諸如等女朋友、等上課、等看病、等考試……，智慧手機已完全改變「等待」的文化與風景，「等待」已無法考驗修為，因為在「手機」之前大家定靜如老僧，「功力」相同，無分軒輊，其實大家都是「等待」的輸家，真正的贏家是「手機」。

我只能說，時代進步，等待已經質變，已經到「等待4.0」了，還在進化ing。

等待是一種相對論

等待的長短不在時間，而是感覺。

等待的長短感覺因人而異，是一種「相對論」。有一個關於「相對論」的笑話，相傳愛因斯坦晚年時，一群青年學生請他解釋什麼是相對論，他生動而幽默地做了一個比喻：「當你和一個美麗的姑娘坐上兩個小時，你感覺好像只坐了一分鐘；但要是在熾熱的火爐邊，哪怕只坐上一分鐘，你卻感到好像是坐了兩小時，這就是相對論。」等待也是如此，當你的等待預期是甜蜜的，就覺得時間倏忽；反之，憂傷的等待或等待的預期是不好時，就感覺時間漫漫。

同樣的等待，每個人的心境都不同，有人樂觀以待，看看書、觀察周遭環境、聽聽音樂；有人則心煩氣躁，不斷看錶或踱步，心情沉重幾乎要崩毀地球。

余光中有兩首詩，是等待的「相對論」的最好寫照。

〈等你，在雨中〉寫等待的喜悅，等待的甘願，等待時心花怒放如盛開的蓮，時間看似漫長，實則短暫，看似倏忽，又覺永恆；整首詩虛實交錯，以蟬聲／蛙聲的升／沉，象徵等待時心情的起伏。但不管怎樣，因為「等」的是喜歡的人，所以過程是美的，甚至「愛屋及烏」，眼前世界沒有不美，連想像都是浪漫古典優雅，等待的結果是圓滿而浪漫，如有韻的詩詞。

但是在〈鄉愁〉裡，等待從「小小的郵票」到「窄窄的船票」再到「矮矮的墳墓」，「我」與「母親」永遠是「這頭／那頭」、「外頭／裡頭」，那種苦是一灣海峽截不動的。

席慕蓉的〈一棵開花的樹〉，為了「讓你遇見我」，而有「五百年的等待」，多麼錐心，多麼令人心疼，而當「等待」竟然落空，那種心碎的痛更令人不捨與嘆惋。可是這個「五百年的等待」也是一個「美麗的錯誤」，因為作者創作的初衷是寫給大自然的情詩，孰料後來竟被解讀為寫給人的情詩。

「等待」有時是一種無奈的選擇

《時空旅人之妻》(*The Time Traveler's Wife*)中的亨利經常會莫名墜入別的時空，他是個時空旅人，在時空跳躍下，亨利不斷地與克萊兒相遇。克萊兒六歲時遇見三十六歲的亨利。他們在她二十三歲、他三十一歲時結婚，即便他們相知、相愛，卻又無奈被迫分離，當她八十二歲時他們再度重逢，他卻只有四十三歲，但他們仍是彼此生命中的摯愛。

年輕的亨利（過去時空的他）曾和未來的克萊兒相逢，克萊兒緊抱著亨利說：「你怎麼沒跟我說會來找我？」亨利回答她：「我不要妳時刻等待著我。」「妳知道我不能久待。」這些克萊兒都知道，雖然「等待」不一定有好的結果，短暫的歡愉之後，更多的是難過與無奈，但克萊兒從遇到亨利的那一刻起，終其一生都在等待這個命中注定的男人，等待他的來訪、等待他的回來、等待他再次出現……，即便每一次重逢都是預告再次離別。

等待，已是宿命與無奈。

尚皮耶居內 (Jean-Pierre Jeunet) 執導的《未婚妻的漫長等待》(*A Very Long Engagement*)，故事背景設定在第一次世界大戰期間一九一七年的法國，描述女主角接獲未婚夫為國捐軀的噩耗，但她不信，仍不斷地等待他歸來，同時蒐集資料，還原真相，企求解開未婚夫的生死之謎。從此等待與希望就成了她生命中重要的支撐，到最後，「等待」不只是「選擇」，「等待」本身更是結果。

「等待」的元素常隱藏在許多「閨怨詩」中，漫漫的等待糾結綿綿的思念，構成無邊無際的哀愁與餘韻綿緲的創作。

從《詩經・君子于役》：「君子于役，不知其期，曷至哉？雞棲于塒，日之夕矣，羊牛下來。君子于役，如之何勿思！」到《古詩十九首・青青河畔草〉：「蕩子行不歸，空床難獨守。」或是〈飲馬長城窟行〉：「青青河邊草，綿綿思遠道。遠道不可思，宿昔夢見之。夢見在我傍，忽覺在他鄉。他鄉各異縣，展轉不可見。枯桑知天風，海水知天寒。入門各自媚，誰肯相為言！」或直接扣問，或直接表白；到李白〈長干行〉：「門前遲行跡，一一生綠苔。苔深不能掃，落葉秋風早。八月蝴蝶來，雙飛西園草。感此傷妾心，坐愁紅顏老。」將漫漫等待「具象化」；到了王昌齡〈閨怨〉：「閨中少婦不識愁，春日凝妝上翠樓。忽見陌頭楊柳色，悔教夫婿覓封侯。」更直接點出因「等待」引出「怨」來。「等待」可以是一種「美」，所謂「小別勝新婚」，但若等成「聞君有他心，拉雜摧燒之」（漢樂府〈有所思〉），那就不好玩，也可能是悲劇了。

鄭愁予的〈錯誤〉：「我打江南走過／那等在季節裏的容顏如蓮花的開落」側寫等待的難過與折磨，同時藉由「我達達的馬蹄是美麗的錯誤／我不是歸人，是個過客……」虛擬一個女人（或許就是「情婦」）等待的落空，是等待中「錯得最美麗」的；而〈情婦〉反從浪子的視角「霸道」地寫女子的苦候，角度不同，但是等待之苦則一致，所謂「而金線菊是善等待的／我想，寂寥與等待，對婦人是好的／／所以，我去，總穿一襲藍衫子／我要她感覺，那是季節，或／候鳥的來臨／因我不是常常回家的那種人」＊，我們不禁要問：是人殘忍還是「等待」？

「等待」有時就是一種選擇，在沒有其他選擇下的選擇，但是又何奈。

等待有時是一種堅貞與誠信

君子重然諾，尤其在「等待」中，特別是死生以之。《莊子・盜跖》：「尾生與女子期於梁下，女子不來，水至不去，抱梁柱而死。」還有七爺八爺（謝、范將軍）的傳說，都是一時的許諾，長久的等待，以生命兌現，或許傻，但可敬可愛，因為等待，等出莊嚴與神聖。

牛郎織女，相隔兩地，隔著「盈盈一水間」，「河漢清且淺，相去復幾許？」漫長等待，只為一年見一次，千年不變，因為等待，等出堅貞與永恆，是他們的等待，讓仲夏的星空更迷人神祕。

＊鄭愁予〈錯誤〉、〈情婦〉兩詩出自洪範書店所出版之《鄭愁予詩集I》。

《英倫情人》(*The English Patient*) 中受傷的嘉芙蓮在山洞等待艾馬殊求救，艾馬殊沒有違背諾言，只是命運弄人，他被德國人捉走，等到千辛萬苦趕回山洞時已來不及，嘉芙蓮已在寒冷中永遠地離開他……。只要答應了，就要等你；一旦許諾了，就要趕回，即使最後是生死兩隔，但承諾永遠在。

法國作家巴爾扎克 (Honoré de Balzac) 說：「善於等待的人，一切都會及時來到。」俗話也說：「戲棚下站久就是你的」，是嗎？你相信嗎？

等待「東風」

我們都太喜歡等待，等一個人、等一個故事、等一個職位、等自己從挫敗的過去中走出來，還是就等一杯咖啡，固執地相信等待是永遠沒有錯的。

赤壁之戰等關鍵的「東風」，而人生無處不在「等」，等待靈感、等待所愛的人、等待一展抱負、等待東山再起、等待一種生死相許、等待生老病死，每個人都在等生命中的「東風」。但是歲月禁不起太長的等待，好多歲月就這樣被一個又一個的遺憾消耗掉了。哲學家尼采 (Friedrich Wilhelm Nietzsche)

說：「許多人浪費了整整一生去等待符合他們心願的機會」，結果一生就被「等」完了，因此，生命的本質是一個過程，學會努力，然後等待，奉勸大家「不要等待千載難逢的機會，而要抓住平凡的機會，使之不平凡。」

等待會有好因／姻緣，等待也會成蹉跎，等待是藝術，等待更是哲學。人生其實就是等待的擴充與蔓延；人生從「等待」開始，也在「等待」中結束。當我們學會享受生活中的每一段時光，而不是抱怨、焦躁不安，那麼你會發現等待也是美好的，每天都是陽光明媚。

等待，不能無所事事

等待絕不是無所事事，遊手好閒，無所事事的等待讓人感覺時間更長。不管你等什麼，所謂「臺上三分鐘，臺下十年工」，等待是一種沉潛，也是準備、淬練的過程，暫時的等待是為了將來一鳴驚人。好吧，既然孔子都說：「飽食終日，無所用心，難矣哉！不有博弈者乎，為之猶賢乎已」，那麼我勉強同意，即使滑滑手機也總比無所事事好。

等待，要安心、放心

焦慮使等待的時間感覺比實際長。有時等待只是一個過程，不能求的，不必等，求不到的，等沒有用。只要花功夫、盡了力，不妨安心、耐心地等，自然瓜熟蒂落，即使有意外也無憾了。

等待，要清楚

不確定的等待感覺時間比已知的、有限的等待更長，不明就裡的等待比理由清楚的等待時間更長，更不要像等待果陀，等得不明不白。

等待，並非永無止境

人生漫長，等待更長，但非永無止境，眼前即是幸福之源，享受現在，不要在等待中消耗幸福，要設定「停損點」，必要時「認賠殺出」。

等待，可以變得美好

等待本身原是無聊的，但在等待過程中發生的事，有些卻著實精彩。因此等待時不妨改變心態，發現美好，一旦不計得失，等待常有意外之美。雖然等待的過程充滿了迷茫、煩亂、痛苦、不安，但學會等待，它卻能成就我們精彩的人生！只有學會等待，我們才能真正體會到生活的美好與豐富。

等待是心靈的考驗，是毅力的檢測，是耐心的訓練，不管你年紀多大，不妨回首「等待」的時光，你等到什麼？等出什麼？還在等什麼？耐心等待，伺機而動，成為時間的主人，千萬不要讓心動到行動成為「最長」的等待。

與其被動等待，不如主動開創，也許你擁有的不是別人能等得到的，同時你能活出自己的方式。

人生兩好球三壞球

棒球，號稱我們的國球，多少得意與遺憾在球場進行與完成，棒球場其實就是人生競技場，而真正的選手就是你我。

典型在夙昔，人生52（無二）

二〇一六年九月十八日颱風剛過，中午的桃園棒球場還因場地潮濕取消一場補賽，下午老天爺終於放晴，或許連老天都不忍與不捨要陪大家見證最後的「鋒砲」，讓大家一起在猛射的「蜂炮」中留下整個球場的燦爛，也為這位球星留下光榮的身影。

二〇〇二年，陳金鋒成為第一位站上美國職棒大聯盟的臺灣球員，是第一位在大聯盟例行賽中有過出賽紀錄的臺灣選手，也帶起臺灣球員旅美的風潮，過去遙不可及的棒球最高殿堂，從此開啟大門，此後臺灣選手前仆後繼，選手們看見更高的視野，跟著陳金鋒的腳步逐夢棒球。

二〇〇二年之後，陳金鋒六上六下美國大聯盟，二〇〇六年回到臺灣大聯盟，二〇一六年榮退，在約三十年的棒球生涯中，曾多次代表臺灣參加各項亞洲或世界級的比賽，曾砲轟松坂大輔、上原浩治、達比修有、朴贊浩等世界級投手，是中華隊的「大哥」，永遠的「第四棒」，更曾是許多投手「最不想面對的打者」。而今，身影將杳，紀錄與光榮長存，唯留獨一52（無二）的精神讓大家懷念。他曾說「球來就打呀！」而今他的最後一球已飛出去，留下令人瞻仰的弧度，劃過臺灣的棒球天空，留下眾多眺望的眼神。

這就是棒球——精彩總在兩好球三壞球、兩出局之後

棒球是臺灣的國球，喜愛的人不少，但是外行看熱鬧，內行看門道。棒球最令人津津樂道的，除了「逆轉勝」之外，就是兩出局、兩好球三壞球之後發生的一切，是失敗，還是繼續上壘續命，甚至搏得逆轉勝的契機。

二〇一三年三月世界棒球經典賽亞洲區預賽，臺日世紀大戰，九局上中

華隊領先，日本隊進攻，此時壘上有人，兩出局、兩好球，只要再來一顆好球，比賽就結束，中華隊就可以到美國參加最後四強決賽。可惜，那一顆好球沒有出現，還被擊出安打，最後中華隊被日本隊逆轉，不只被逆轉，還造成隔天慘敗古巴之手，以致被淘汰的連鎖反應。賽後大家議論紛紛，為何那一顆好球沒出現。

經典賽的一顆球影響中華隊能否進四強，所以一顆球不只是一顆球，它是成敗的關鍵。雖然中華隊無緣進軍最後決賽，但此次經典賽卻產生連鎖效應，王建民因兩場好投，贏得鳳還巢洋基的機會，接著中職開打，前三場觀球人數也破紀錄，大家認為棒球又回來了，經典賽救了中職，救了棒球。

二〇一六年不管中西棒球界都是很特別的一年。除了陳金鋒，最為人津津樂道的是美國芝加哥小熊隊終於破除一〇八年的魔咒，勇奪世界大賽冠軍（想想還真令人讚佩與唏噓，一〇八年前？那是清朝時代耶！）。小熊先衰後盛，終於逆轉贏，爭勝的過程高潮迭起，扣人心弦。其實小熊隊在二〇〇三年也曾領先聽牌，但最後被逆轉，失去問鼎世界冠軍的機會。過去的悲情終於全數轉給對手，只能說「風水輪流轉」，只要等得夠久，機會就是你的。

同樣地，臺灣大戰，義大犀牛隊也是在連輸兩場後連贏四場，最後贏得隊史第一座也是最後一座冠軍獎盃。

我想這就是棒球，不，這就是人生，有時候關鍵一球主宰一場球賽的勝負，那一球固然和運氣有關，但更多的是功力與意志的結合。

一顆好球決定勝負，更可能決定人生，誰能忽視一顆球？誰能輕視自己的一言一行？

黑豹舞旗，大家共襄盛舉

另一個棒球異數，是有臺灣「甲子園」之稱的「黑豹旗」棒球比賽，從二〇一三年第一屆五十一隊參加，到第二屆一百三十七隊，第三屆一百六十二隊，二〇一六年以後每年參加隊伍更高達一百九十隊以上，應該是臺灣單項運動參加隊伍最多的比賽。不但有男生，更有女將、女壘選手，甚至不少以升學為導向的明星高中也參加。四年來創下多項「紀錄」：「扣打」的場數最多、比分最懸殊（八十七比零）、一局丟分最多（四十六分）、投五局就暴投二十五次、一場賽下來四壞保送二十次、觸身球十四次、木棒、鋁棒混在一起打……。

更有趣的是，輸球的隊伍「完全」不會悲傷，輸球反而急著找「偶像」簽名，有人輸球高唱校歌激勵士氣，有人輸球卻感謝對方，有人贏球卻不好意思，跑去安慰輸家，也有雙胞胎一起參加，有人自製球員卡，有人自己寫轉播程式，有的學校甚至沒有棒球場或教練，一切「土法煉鋼」，卻也練出感人肺腑的故事，不輸電影《KANO》。

總之，輸贏不重要，重要的是只要能「玩」棒球就好，這簡直不是棒球比賽，而是棒球嘉年華、棒球懇親大會。相較於大人的「黑心球賽」，這一群高中生可愛、純良多了；希望他們永保赤子之心，永不忘熱愛棒球初衷。

每次看到棒球從被質疑中再站起來，好像「浪子回頭」一樣，總是令人感動；同樣地，每次看到棒球場上溫馨感人或勵志的事蹟，也總讓人熱淚盈眶。

燃燒吧！棒球魂，只要臺灣的棒球魂不滅，臺灣就永遠在浪頭上。

棒球也要π型人

所謂「π型人」是指精通雙專長，可產生兩倍以上價值的人。一般棒球選手多只精通一個守備位子，或者精擅投／打之一，只有極少數人擁有「二刀流」的能力，日本的大谷翔平就是其一。

大谷不僅擁有日本職棒官方紀錄時速一百六十五公里的驚人球速，也有不錯的長打能力，投打兩方的發展皆受到矚目，二〇一七年季後加入美國洛杉磯天使隊。加入大聯盟後，他的投打能力不斷爆發，不但讓眼高於頂的美國棒球界刮目相看，更成功征服美國球迷的心，贏得大家的期待與肯定。可惜二〇一八年六月因右手肘尺側副韌帶二級撕裂傷，只好暫停投球，改專司打擊的工作，沒想到他的打擊能力一點也不受手肘受傷的影響，繼續創造驚奇。由於他投打的精彩表現，毫無懸念地被選為二〇一八年美聯新人王。

如果大谷只專精投球，一旦身體任何部分受傷，必將影響他的表現，暫時或永遠離開投手丘，甚至結束球員生命，但大谷身兼二刀流，因此可以轉換另一種身分，以另一種能力繼續屹立球場，這就是二刀流之妙。

從大谷的例子來看，我們是否也要開始培養第二專長，讓自己成為π型人，讓自己擁有多元能力，不再一招半式闖江湖，可以出入更多領域，讓自己的人生更有保障？

人生如棒球，沒有好壞，只有輸贏

其實看棒球簡直就是看人生，因為其中有很多雷同。

球是圓的，堅持就是勝利，贏家全吃

我們常說球賽從兩好球三壞球或者是兩人出局後開始，最精彩的球賽往往在最後一局，兩出局之後得到的分數最珍貴，這和人生的賽局一樣。我常說「球是圓的」，未到最後結束，勝負難料，選舉是這樣，人生更是這樣。

廣告說：「不要輸在起跑點上」，這在球場上是說不通的，因為球賽中多的是「逆轉勝」，而這也是球賽最讓人津津樂道的。有人靠「鯨吞」取勝，有人則是「蠶食」贏得勝利，重點在最後誰贏了，球賽過程固然精彩，但結局才是最重要及被記錄的，所以不要怕起步慢或輸在起跑點，重要的是不要輸在終點。球賽不是看一局，而是看結局；人生不只爭一時，更要爭千秋。球賽不在贏得多，只要一分就是勝利，這一點和人生接近。

阿里巴巴創辦人馬雲說得好：「今天很殘酷，明天更殘酷；後天很美好，但大部分人死在明天的晚上。」

堅持就是勝利。

掌握機會，善用關鍵時刻

球場上最令人扼腕的除了被「逆轉勝」之外，就是各項攻守數據都比對手好，上壘機會、安打都比對方多，卻輸球。明明對手不怎樣，自己就是輸對方，唯一的解釋就在於誰能把握得分的關鍵契機，有時再多的上壘卻殘壘，比不上一次連續的安打；有時再多全壘打抵不過一支逆轉的一壘安打；有時整場都投得很好，卻禁不起一個失投；有時看起來不合理，但只能接受。如何掌握機會，善用關鍵時刻，避免失誤，是球場，更是人生致勝祕訣。

自助人助，個人團隊一樣重要

球類比賽中棒球是最合乎「自助人助」道理的。投手要靠自己的球速及變化球解決打者，這是「自助」；萬一球被打出去，投手幾乎束手無策，只能靠隊友的守備阻止對方上壘或向前推進，這是「人助」。同樣地，打擊者必須靠自己的選球及打擊能力將球轟出去，這是「自助」，除非一棒打出全壘打，否則都要靠其他隊友接續安打或對方失誤（包括投手暴投）才能往下一壘推進，這是「人助」。「自助」加「人助」，才是無往不利。

按部就班，順逆相參

「按部就班」是棒球場上另一個鐵律，從第一局到最後一局，自第一棒到最後一棒，得分跑壘更是一壘一壘推進，就算全壘打也要踩遍每個壘包，完全無法躐等，否則就是「失格」。

球場上，有時一帆風順，不斷K對方，但有時手氣很背，怎麼投就是無法把球送進好球帶；有時不斷擊出穿越球，有時則一直被接殺，順逆有時沒有道理。

每個人都喜歡大棒一揮就是全壘打，雖然轟出全壘打（人生一炮而紅）是一種快意，但全壘打和高飛接殺常是一線之隔。

美國作家林格（Robert J. Ringer）說：「成功不是全壘打，而要靠每天的、經常的打出密集安打。」累積一支支安打，勝過沒有把握的全壘打。

注意細節，用腦專注，全力以赴

旅日棒球球星王貞治指出：「打一百四十公里以上的速球，要用腦筋去想辦法讓眼睛將球看清楚，然後全神貫注打到球心，再快的球也會柔軟飄到眼前。」這是打擊者的專注，當他擺出打擊姿勢，眼睛盯著投手的手套時，全身的能量蓄積在手上，準備轟出「擎天一擊」。同樣地，投手專注的看著捕手的暗號，或搖頭或點頭，等到商量底定，投手才緩緩舉起手臂，再以「迅雷不及掩耳」的速度將球送出；不管投打，大家用腦專注，每個細節一再注意，無非就是為了一句話：「球場上勝利沒有替代品。」

小兵立大功，機會是給準備好的人

球場上巨星如林，大咖無數，但沒有一個人是無可取代的，一旦受傷或表現不佳，立刻被換下甚至被「冷凍」，此時正是「小兵」出擊立功的時候，所以牛棚永遠有人等著。一旦機會來臨，能把握機會的人才能浮出檯面，前提是你必須隨時準備好，但很多時候，準備與等待都是徒勞的；等待的漫長與寂寞，你承受得了嗎？

做好自己的事情，多準備一些能力，是鑽石總會發光；不管等待多久，只要一次機會就夠。

這就是人生，這才精彩

人生就像棒球，是一場勇敢的冒險，不是一躍成為巨星，就是一無所有，心裡若是無法做到讓自己感動，棒球就是件非常困難與無聊的事，要把隊友的笑容及球迷的掌聲當成自己的渴望，如此就會努力練習及演出。

人生如球場，但是投手（可以大致宰制一切，影響勝敗關鍵的人）比較少，多數人只是配合在自己守備位置上堅壁清野，不要讓對方越雷池一步的人；但是輪到你打擊時就不一樣了，你成為和那個有宰制權的投手對壘的主角，你擁有決定未來人生的主導權。

如果你是打擊者，面對人山人海的觀眾，從高空俯瞰下去，你真是孤單而渺小，尤其面對鷹視嶙峋的投手，隨時就要以時速一百五十公里的速度，將一顆小小圓球煅化成殺人不見血的「血滴子」向你高壓變化而下；還有對方各守備位置的人員，他們的手套高舉起來，瞬時無限擴充成一面巨大的天羅地網，準備撲捉你用盡全力一擊的飛球，此時你不但要打出自己的價值，同時要創造隊友得分機會。你，縱有淩波微步，卻不能躲閃，只有勇敢面對，捉準瞬息萬變及不到千分之一秒的機會，盡力盡情揮棒，打出一條跨越人生圍牆的美好拋物線，然後在一片歡呼聲中，凱旋而歸；反之，一擊成空，歡呼的是對方，黯然的是自己與隊友。

人生不在好壞球多寡，而在你是否能打出好球；人生不在投得好壞，而在能三振或刺殺你的困境。

棒球／人生決勝點總在兩好球三壞球或兩出局之後；這就是人生，這才是精彩。

第二次以上的人生

日有升落，花有開謝，人生也有浮沉，但日月的升降不過一天，花開花謝也只是一個春秋，而人的再起卻是那麼漫長，也不是每個人都有機會。人的生命只有一次，如果逆境重生，或者生命重新來過，活出另一番氣象，那可就算第二次人生了，那是自己的努力，也是上天給的好運。

每個人都希望人生一帆風順，無災無難，平步青雲，但若遭逢不順，從雲端墜入泥壤，則又希冀谷底翻身。一生順遂是無比的幸運，是上天垂憐厚愛；能「東山再起」再創高峰，則宛如第二次人生。如果說「浪子回頭金不換」，那麼「東山再起」更值得讚嘆與激賞。

「東山再起」是老天給的第二次人生與機會

歷史上最有名的「東山再起」當屬越王句踐「臥薪嘗膽」的「十年生聚，

十年教訓」。在國家滅亡之際，句踐能放棄一國君主的尊貴，偕夫人和大臣前去吳國為奴，這是化悲痛為力量的突出表現，越是屈辱，越是堅強，憑藉這巨大的自我力量，句踐成功復國，東山再起。

二〇一六年四月，體育界最具正向激勵及令人振奮的消息，莫過於王建民終於重返大聯盟，這是一件極其不容易的事，因為他已是三十六歲「高齡」，在美職十七年，經歷八個球隊，有過榮耀、受傷、低潮與婚外情，但他永不放棄，經過七年九百五十二天鍥而不捨地努力與堅持，最後完成幾近不可能的任務——重回世界棒球最高聖殿。

王建民重回大聯盟，是上天給他的「第二次人生」，是激勵人心、「東山再起」的故事。紀錄傳式電影《後勁：王建民》正是這一段沉潛與再度奮起的過程。王建民曾說：「棒球是我走過的路，跟大家工作、生活上息息相關，每個人走過的路都會有高低起伏，不可能永遠在最上面。」沒錯，人不可能永遠「高高在上」，一般人一旦跌落深谷就一蹶不振，只有少數人能東山再起，再領風騷，其間靠的只有毅力、決心。

美國職棒專為曾經陷入低潮，之後又有出色表現的球員設立「東山再起獎」，他們都從失敗中再次向上天要到第二次，甚至比第一次更耀眼的人生。二〇一八年的「東山再起獎」是幫助紅襪拿下十五年來第四座總冠軍的強投普萊斯(David Price)，他二〇一七年因手肘傷勢影響，僅出賽十六場，但二〇一八健康狀況良好，繳出十六勝七敗的傑出成績。

爆紅的大陸古裝劇《琅琊榜》大獲好評，主角胡歌成了炙手可熱的男神。胡歌自二〇〇五年以《仙劍奇俠傳》打開知名度，曾歷經嚴重車禍險毀容及演藝圈低潮，十年沉寂，最終才又贏得演藝事業的成功。

「鳥人」、「鋼鐵人」都曾「最後一擊」東山再起

看過電影《鳥人》(*Birdman*)，永遠忘不了隨時在主角背後出現的「蝙蝠俠」身影，這是一部虛與實雙線都要追求「東山再起」的故事。過氣的昔日電影英雄雷根（麥可基頓(Michael Keaton)飾），從電影圈轉戰百老匯，力圖東山再起，而現實中則是麥可基頓在演完《蝙蝠俠》後，就一蹶不振，也急需東山再起，《鳥人》剛好把這虛／實人物都要「東山再起」的情形揉雜在一

起。電影中的雷根因「貨真價實的動人演出」再度受到重視，現實中的麥可基頓則因此片勇奪多項大獎，算是「東山再起」成功的例子。

類似「鳥人」這種例子所在多有，不少人懷抱著「不死鳥精神」，默默耕耘、耐心等待下一個機會到來。

電影《最後一擊》(*Cinderella Man*)，片名直譯應該是《灰姑娘先生》，更能傳達這部片子的精神與精髓。電影描述一九三〇年代，拳擊手詹姆士布達克原本是世界拳擊界輕重量級的閃亮新星，戰功彪炳，累積不少財富，但經歷資本主義經濟史上最大的夢魘，景氣急墜，銀行大量倒閉，股市大崩盤，房地產暴跌，失業率大增，大多數人變得一無所有，自己不但陷入了破產的命運，加上手臂受傷被吊銷拳擊手執照，甚至面臨了不得不把孩子送走的抉擇，最後又如何東山再起，問鼎世界拳王寶座的故事。他「東山再起」的英勇事蹟激勵了當時低迷、失落的人心，讓當時陷在大蕭條泥淖中載浮載沉的普羅大眾，覺得自己尚有「最後一擊」的生機，也給觀影者留下深刻動容的印象。

《鋼鐵人》、《復仇者聯盟》、《福爾摩斯》(*Sherlock Holmes*) 三個賣座系列的男主角小勞勃道尼 (Robert Downey Jr.)，在一九九七到二〇〇〇年曾因沒通過法庭的強制藥物檢測而坐牢自毀前程，二〇〇〇年後他努力爭取表演機會，甚至透過控制片酬，以確保自己不會濫用藥物而再度沉淪，終於讓他爭取到漫威影業旗下人氣英雄角色「鋼鐵人」演出的機會，一舉躍升為票房巨星、人氣一哥、收入最高的男演員，這又是一個活生生的東山再起的故事。

靠拳頭打天下，也打出第二次人生

席維斯史特龍 (Sylvester Stallone) 曾以《洛基》(*Rocky*)、《第一滴血》(*First Blood*) 爆紅，但在一九九〇年，他以「高齡」四十四歲推出《洛基5》，但該片票房慘敗，也讓《洛基》這個系列畫下句點。此後史特龍不斷挑戰不同戲路的電影，但票房成績不佳，史特龍從此不再享有票房巨星的美譽，二〇〇〇年之後甚至淪為客串演員，打零工以餬口。一直到二〇〇六年，他再戰「拳壇」，開拍《洛基‧勇者無懼》(*Rocky Balboa*)，藉由這部電影終於東山再起。

二〇〇八年他再接再厲，重新走入熱帶雨林，接演《第一滴血4：出生入死》(*Rambo*)，再用砍刀和弓箭塑造藍波的不敗神話，也讓自己重回巨星行列，更印證自己寶刀不老。二〇〇九年他獲威尼斯影展頒發「電影人榮譽最高獎」，大會認為他的作品深入探索「美國夢」的光明與黑暗面。此後他又以《浴血任務》(*The Expendables*)、《鋼鐵墳墓》(*Escape Plan*) 再度證明自己老當益壯。

二〇一六年一部《金牌拳手》(*Creed*) 不但洗刷他只有肌肉沒有演技的酸語，讓他獲得金球獎最佳男配角獎，並入圍奧斯卡最佳男配角獎。而後，《金牌拳手：父仇》(*Creed II*) 已於二〇一八年上映，史特龍一路走來，在在都是「東山再起」與第二次人生的最佳例證。

「賣菜郎」與在位最久首相的第二次傳奇人生

二〇一八年臺灣九合一選舉，締造臺灣政治史上許多「第一」的紀錄，其中最膾炙人口的是「韓」流崛起。

韓國瑜入籍高雄一年兩個月，沒有太多的資源，只憑一瓶礦泉水、一碗滷肉飯，竟然翻轉高雄二十年的政治鐵板，其過程令人嘖嘖稱奇，將是研究臺灣政治或選舉相關議題者不能錯過的。

韓國瑜的政治生涯有多次起伏，曾任臺北縣議員及立法委員，二〇〇一年因競逐不分區立委失利，首度淡出政壇；二〇〇五年起出任臺北縣中和市副市長一年八個月，一度復出政壇；二〇〇七年因黨內初選爭議，被黨部取消初選資格，再度淡出政壇；二〇一二年二度復出，擔任臺北農產運銷公司總經理；二〇一七年為了參選國民黨主席而辭總經理，可惜落敗。後來接任國民黨高雄市委員會主委，在國民黨無「將」可用的情況下，自己跳下來代表國民黨參選高雄市市長，在一路不被看好的情況下，不但異軍突起，自己當選高雄市長，還將「韓」流效應外溢到其他縣市，創造史無前例，讓大家津津樂道的「傳奇」。

韓國瑜多次評價自己在立委任內不只「墮落」，還花天酒地、生活不正常，因此懺悔而放棄選舉，退出國會，他知道對不起選民，內心反省，他的反省蓄積再起的動力，加上大環境的助力，終以「貨賣得出去，人進得來，高雄發大財」，鮮明簡單朗朗上口卻又能深深契合庶民亟思翻轉走出經濟低迷困境的口號，翻轉選情，創造奇蹟，也締造個人「第二次以上的人生」。

日本首相安倍晉三是日本近十年來最強勢的首相，也即將成為日本史上在位最久的首相，他的崛起－摔落－再崛起，不但令人難以置信，更是東山再起，擁有第二次以上人生的最佳寫照。

安倍二〇〇六年第一次擔任首相，是日本首位二戰後出生的首相、也是二戰後最年輕就任的首相，但因個人健康因素，加上內閣閣員醜聞纏身或自殺，只做了三百六十六天就辭職，成為全國笑柄。甚至還傳說有一天安倍搭飛機，一名乘客不屑與他坐同一排而要求換位子，這對曾任首相的安倍而言是何等難堪與屈辱。

從政壇高峰摔落谷底又失去健康的安倍，抱著置之死地而後生的心情，決心恢復健康，並在政壇上保持活躍。他的幕僚表示，他曾經斷食一週，只喝胡蘿蔔汁，並且健行，加上藥物治療，慢慢恢復健康。後來他決定回故鄉山口縣參選國會眾議員，他在某次受訪時曾說：「那時大家都說我的政治生涯快完蛋了，我必須從零開始。」安倍第一次首相任內只回故鄉一次，為了二〇〇九年的國會選舉，他每個週末都飛回去，與家鄉父老會面、去小學演講、到處剪綵和參加卡拉OK活動。結果他狂掃百分之六十四的選票，選舉結果讓他重獲堅強意志。

當選後，安倍發憤鑽研經濟，這是後來再次當選首相後能提出「安倍經濟學」，也就是大家將之簡化為「安倍三枝箭」的原因，更是協助安倍贏得民意支持的關鍵。

二〇一二年，安倍克服母親洋子和多位親族長輩的反對，在夫人昭惠支持下，參選自民黨黨魁驚險勝出。三個月後，隨著自民黨在眾院大選大勝，他重回首相寶座，接著他又連任兩次，將成為日本史上在位最久的首相。

蘋果與家具都可以東山再起

大家都知道，賈伯斯曾被自己創辦的蘋果公司解雇，賈伯斯說：「我很公開地出局了。我生命中的目標就這樣消失，跟世界末日一樣慘。」但他沒有氣餒，經歷了許多挫折之後重返蘋果東山再起，而且比以前更成功。從他身上我們學到：「理念，才是永遠不敗的武器。」成功的人不是運氣比較好，他們也曾被fire，也曾失敗受挫，但他們學會了失敗，於是更快成功。

來思達(Lifestyle)是臺灣最大家具行銷公司、家具股王，二〇一五年《天下雜誌》國內兩千大企業調查，來思達榮登全臺服務業成長最快五十家公司第一名；在全臺營運績效五十強榜單中排名十二。但「來思達」也有一段大起、大落，東山再起的勵志故事。

「來思達」創辦人謝貞德，曾擔任過國大代表、家具公會理事長，還被譽為臺灣家具大王；一九九七年因合作投資內湖「DD堡」失利，負債上億，被迫一切歸零，只帶著剩下的三百美元和唯一留下的一名員工，遠赴美國尋求東山再起的機會。一九九八年謝貞德在美國加州洛杉磯創立了來思達，但是在沒錢沒人的情況下，只能周旋於各個家具展尋找機會。一開始接單並不順利，四家公司有三家賠錢，最後才靠著全球行銷平臺以及獨特分權分利營運模式，還有創意的行銷方式，慢慢站穩腳步，再創奇蹟。二〇〇〇年起，來思達連續八年以百分之五十的速度成長，是全美成長率最高的家具公司。二〇〇七年躍居全美第八大家具公司，二〇一〇年在北京紫禁城舉辦「紫禁城家具菁英會」，成為史上第一家在紫禁城舉辦家具展的公司。二〇一二年鮭魚返鄉、在臺掛牌。二〇一三年取得上海世博中國館的設計授權，並在上海興建全球營運總部，同年在臺灣股票上市；二〇一五年全球營業額達七十七億新臺幣，在國際家具產業裡，「來思達」是「不可思議」的代名詞，也是快速「東山再起」的例子。

謝貞德東山再起的祕訣在於他有麥克阿瑟 (Douglas MacArthur) 老兵不死的精神，永遠不放棄。

失敗者並非一無所有，只是差一步

失敗者都非自願，可能準備不足，可能一時迷惘，可能擴充太快，可能野心太大，更多的是「生不逢時」或一肚子不合時宜，一旦時移勢易，今天的「灰麻雀」可能就是明天的金鳳凰。

失敗者並非一無所有，可能只差一步，記取教訓，東山再起就是你！

打掉重練，一切重來

要東山再起，需先承認自己失敗，甚至敗得一無所有，必須打掉重練。失敗代表以往必有哪個環節出了問題，因此不必留戀過去，抱著一切重來的念頭，重新出發。

把握機會，相信機會只有一次

要東山再起必須把握最佳／後機會，因為「東山再起」表示你的好運與機會都被你用完了，機會非常難得，你只有一次捲土重來的機會，搞砸了就out，做對了則鹹魚翻身。

包羞忍恥，相信自己

杜牧《題烏江亭詩》：「勝敗兵家事不期，包羞忍恥是男兒；江東子弟多才俊，卷土重來未可知。」失敗要東山再起，要先卸下尊嚴，如果還在乎面子，你就無再起的契機。失敗，最怕落井下石，困頓時最多的是「苦」味，落難時最不缺「酸」汁，當慣萬眾矚目聚焦的英雄，偶而當個「狗熊」，你會更了解《動物方城市》。

想東山再起，要永不放棄

想東山再起，就不能放棄「青山」（生命、一點微薄的，可以勉強擁有的東西），要永不放棄，如果前進的路上有一道鐵牆，你要咬牙闖過去；想東山再起，要永遠熱愛自己的工作，你絕對、絕對不要在心裡說放棄。如果什麼都沒做就放棄，這樣就算上天想救你都很難！

第二次人生得來不易，「東山再起」更令人驚奇。

跋 為青春寫一篇文章

文學是「有用」的

二〇一七年十二月，文學巨擘余光中辭世，文壇的大損失。泰山其頹，梁木其壞，哲人其萎。

香港作家、學者黃維樑說：「他用紫色筆寫詩，用金色筆寫散文，用黑色筆寫評論，用紅色筆編輯文學作品。」而另一位先行的文學大師梁實秋曾評說：「余光中右手寫詩，左手寫文，成就之高一時無兩。」除了左右手開弓，揮灑自如，寫詩、寫散文之外，他還有第三隻手寫評論、翻譯，因此自稱詩歌、散文、評論、翻譯為「寫作的四度空間」。

就文學傳統與寫作方向來看，余光中既是「浪子」，也是「孝子」，最後融合東西學為「余學」；從生活空間與移動的向度來看，他自稱「大陸是母親，臺灣是妻子，香港是情人，歐洲是外遇」，你很難說他是哪裡人。現行高、國中國文教科書中，他也是被選入最多詩、文的作家。

總之，不管你不喜不喜歡，他是一個「偉大」的作家，當之無愧。

除了他在文學的成就之外，我更關心的是何以他能寫作不輟，「不以隱約而弗務，不以康樂而加思？」在我們練習寫作的過程中，有哪些是可以給我們參考與借鏡的？

余光中為台灣大哥大題贈的對聯：「科學催未來快來，文學求歷史慢走」；其實科學和文學都想為「現在」留下紀錄，創造「永恆」，但是科學為「現在」留下的是「具象」，而文學為「現在」留下的卻是「印象」與「想像」。科學說一是一，文學說一不是一。

曹丕《典論・論文》說：「文章經國之大業，不朽之盛事」，詩聖杜甫也說：「文章千古事，得失寸心知」，這些都把文章的「功用」極大化。文章是一個人思想情感的表現，不一定要肩負這麼大的使命，如果每個創作者都抱持這種心態寫作，那寫作也忒累了，還有多少人「敢」寫作呢？但我們不可否認，好文章影響極其深遠，「文以載道」，「載」的不一定是哪一種思想，但是應該是對世道人心有益的事，或是一種內心真誠的感受，否則無病呻吟，對人心無益，那就是浪費「寫作」。

文學或寫作從何而來？

廚川白村認為「文學是苦悶的象徵」，這句話總結了所有文學產生的原因，他認為生命力受壓抑而生的苦悶懊惱乃是文藝的根柢。不管古今中外，任何作品都是因為作者心中有「苦悶」或生命力受到壓抑不得舒，所以才藉由創作衝破人生、現實或政治、命運的「結界」，讓內在真正的感覺得到自由的表現。這段話和韓愈〈送孟東野序〉所說的：「大凡物不得其平則鳴：草木之無聲，風撓之鳴；水之無聲，風蕩之鳴。其躍也或激之，其趨也或梗之，其沸也或炙之。金石之無聲，或擊之鳴。人之於言也亦然。有不得已者而後言，其歌也有思，其哭也有懷；凡出乎口而為聲者，其皆有弗平者乎？」有異曲同工之妙，都在說明文學創作是「鬱於中而泄於外者也」，是心靈不得平衡之下，為了維持某種「穩定」而釋放出來的心理能量。這種作品非常多，最明顯的是「貶謫文學」或許多「窮愁之思」的作品，甚至許多回顧過往，遺憾過去時光的作品，都有這種「不平而鳴」的心理質素在。

因此，寫作是健康的，可以平衡心理的正負能量，救贖自己、釋放自己。

高中時期，「狂飆」、「蒼白」的氛圍也曾影響我，那時每個人都很「敏感」，也很「脆弱」、容易「衝動」，稍微有「想法」或受「壓抑」、「苦悶」的心靈，最好的出口除了良師益友之外，閱讀與寫作就是另一種救贖。不一定要寫什麼，即便塗鴉，或者想像有一個「讀者」，把心情盡情發洩給他，經過宣洩之後，心情免於潰決，反而讓自己「存活」下來，閱讀與寫作算是「恩人」，幫助自己與當時的許多人穩定下來。

寫作要靠「觸發」與「感動」

「敏感」是一種很特別的情緒或反應，可能是外在環境刺激而出現不適感，而且幾乎所有不舒服的感覺都會被放大，有時候對事物過分敏感，常讓人陷入混亂與沒有方向，情緒也常常在焦慮不安中擺盪。但容易被事物觸動的人，也從此多了一個看世界的角度。故敏感不一定是你心中所想的「不好」，有時候反而是上天的贈與。

只不過寫作所需要的「敏感」，不單純只是對事物有異於常人的感悟而已，它必須是從與一般人一樣的日常事物或人情應對與互動中發現其中的不同，並快速反應。更重要的是，敏感的人不只善「感」，更善於觀察，善於觸發，由一件事感悟到其他的事，它是聯想與想像、創新的綜合表現。

杜甫的「感時花濺淚，恨別鳥驚心」，就是一種「感物傷時」的敏感，加上一顆憂國憂民的心，共同觸發而寫下的傳世名句。又如以「水」為例，敏感的人會有不同「觸發」，有人想到光陰（「逝者如斯」），有人以之對比「友情」（桃花潭水深千尺，不及汪倫送我情——李白〈贈汪倫〉），有人想到「勤」（流水不腐，戶樞不蠹），有人用以形容「交誼」（君子之交淡如水），有人用以比喻「歷史淘洗，風流易逝」（滾滾長江東逝水，浪花淘盡，千古風流人物），有人以之比譬生性（智者樂水），有人視之為「柔能克剛」（天下莫柔弱於水，而攻堅者莫能勝之，以其無以易之），有人將之提升到「道德修為」（上善若水，水善利萬物而不爭），有人則藉之探討「本體與表象」（客亦知夫水與月乎？逝者如斯，而未嘗往也）……，不一而足，各因遭逢與境界心性之不同而有不同的「觸發」與開展，如果不敏感、不善觀察或對觀察沒有反應的人是寫不出文章的，只能勉強「作」文。

而在所有的感悟與觸發中，人情之動人是最美的。如果說臺灣最美的風景是人，那是因為在人情的互動中，我們感悟、感動了。

每天早上，除了出差之外，不管天候如何，我都會站在校門口迎接家長開車送孩子到校。有位家長不管騎摩托車或開車，經過總會跟我大聲問好甚至行禮，當他知道我每天一早從臺北驅車到桃園平鎮的學校，他更是嘖嘖讚嘆；另一位媽媽則是微笑地在車內豎起大拇指比個「讚」；還有一位騎摩托車的媽媽則會固定說「謝謝，辛苦了，再見」；另外有一位爸爸騎摩托車載著男孩跟小妹妹到校，當男孩下車，後座就剩抱得緊緊的小妹妹，每當跟他們揮手致意，小妹妹會一手環抱爸爸的腰，同時用另一隻手跟我搖搖；又有一位爸爸，有時是媽媽，載著男孩和戴著眼鏡的妹妹到校，離開時，小妹妹總會搖下車窗，微笑而用力地跟我揮手。他／她們分別出現在早上七點到七點半的前、中、後段，剛好分三段振奮感動我，每次看到他／她們，我的精神就回來，看到他／她們，讓我每天不畏「站」。還有許多主動搖下車窗問好，或隔著車窗揮手的家長，他們的微笑都讓人感動，彷彿找到一種克服疲憊的良方，讓我更有動力堅持下去。有次天非常冷，一位家長特別搖下車窗，面露不捨地說：「校長，天氣很冷，不要再站了，進去休息吧！」這些都讓人感動與難忘。

人情的觸動，創造世界最美的風景，最美的風景投影在心海成為陣陣感動的漣漪，不必「大江大海」或「巨流河」，每一個小小的波濤，都是寫作的素材，即使只是平常簡單互動，都是感動人心的。

天光雲影，落英繽紛，各種美的相遇或許都是瞬間的，但心動永遠不會只是一時之間。

寫作與其靠靈感，不如靠積累

我們常說寫作要有靈感，但是靈感如電光石火，羚羊掛角，無跡可尋。陸游說：「文章本天成，妙手偶得之。」好像在說寫文章要有點天分或靠「天外飛來」的靈感協助，否則不易功成。其實成功沒有奇蹟，只有累積，寫作也是。所謂靈感就是平時能量的蓄積準備，一旦「流於既溢之餘，而發於持滿之末」才爆發出來的動能，如果平時「積學儲寶」不夠，靈感是不會平白顯現的。

寫作是生活的仿擬，生活中所有的感受，任何事物都可能觸發靈感，寫作沒有靈感表示你遺失了生活，或不知如何生活。因此與其坐等靈感出現，不如主動蓄積人生經驗，大量閱讀。杜甫說：「讀書破萬卷，下筆如有神」，說的就是這個道理。每個靈光一現都是不可複製的，但是生活的累積卻是可以學習的。《哈利波特》(*Harry Potter*) 的作者羅琳 (J. K. Rowlin) 說過，《哈利波特》是她在一九九〇年突發的靈感，那時候她坐在火車上，準備到倫敦，突然想要寫一個小男孩去上巫師學校的故事，開始只是一個簡單的生活經驗觸動，一系列暢銷的著作於焉誕生。

有人說：「靈感是弱者的藉口。」羅丹 (Auguste Rodin) 也說過：「要有耐心！不要依靠靈感。靈感是不存在的。藝術家的優良品質，無非是智慧、專心、真摯、意志。」靈感靠觀察與記錄／儲存，我要自己去衝撞出靈感，而不是等它來找我。如果想要豐富靈感，希望靈感源源不絕，最先要做的第一件事是關心。關心，是能讓一個故事發光的燃料。你若不試著或學著關心，很多靈感就從你身旁經過，你看不見它，它也不會自動找上門來。但是九把刀說過：「隨便一個路人的靈感都可能比我好，但不是每個人都能鋪成故事。」靈感只是開頭，或是一根點亮寫作之火的火柴。寫作要完成與圓滿，靠的是平時不斷堆積燃料，而生活與觀察就是寫作最好的燃料。

靈感很虛無，但無庸置疑的，它卻是一個故事的念頭和起源，而這個起源就從你自己開始。你必須創造靈感的養分，靈感才會反過來幫你創作。

為青春寫一篇文章

電影《擺渡人》的原著、編劇和導演張嘉佳說：「韶光太好，怎麼走過都是辜負。青春太短，怎麼燃燒都是耽誤。幸福太遠，怎麼奔跑都是駐足。不如潦草穿了衣服，一路種花，一路縱酒，在碧水青山裡，寫自己的句子去。」美好的生活是從青春開始積累的，不怕青春太疼痛，只怕青春沒來過，不怕青春太短，來不及嘆氣就消失，要讓青春無怨，不如為自己至少留下一篇文章，長大了以後，你才會知道，在驀然回首的剎那，沒有怨恨的青春才會了無遺憾。

青春無怨，青春不短，因為有你自己的一篇文章。

【LIFE系列】

在深夜的電影院遇見佛洛伊德——電影與心理治療

王明智／著

人們因為遭受困頓的處境而求助於心理諮商師，其實在許多電影當中，本身就蘊涵了富有療癒心靈的元素。透過電影，我們看著一則則別人訴說的故事，也同時從中澄澈自己的思考、省視自己的生命。

本書不僅帶領你重新領略許多電影故事，也讓你重新認識自己、了解人性與心理的本質，是電影愛好者與欲初探心理治療的你，不容錯過的作品。

【LIFE系列】

會做人，才能把事做好

王淑俐／著

想成為人氣王？讀完本書，保證打開人際溝通的任督二脈，讓你人際魅力百分百！
想成功領導團隊？將本書當作個人進修的讀物，可以預防及化解工作上不必要的人際紛爭，增進團隊合作！
想創造雙贏的性別溝通？與對方分享本書，除了可以更瞭解彼此，還能使感情加溫！

本書包括四大溝通主題：會做人之必要、溝通技巧實作、職場倫理與溝通、兩性相處與情愛溝通。內容兼具理論基礎及實務經驗，自修、教學兩相宜。讓你一書在手，從此困惑全消、茅塞頓開，化身溝通人氣王

【LIFE系列】

掌握成功軟實力：8個時間管理的黃金法則

王淑俐／著

你是否常常因為無法判斷事情的先後順序，而搞得手忙腳亂？
你是否為了無法按照排定的計劃執行，而每天勞碌加班？
你是否因為想做的事情太多，而不知該如何兼顧或取捨？
你是否因為總是覺得事情做不完，而有莫名的壓力與焦慮？

透過本書中8個時間管理的黃金法則，上述的問題都能迎刃而解，讓你的生活不再庸庸碌碌，而是能掌握成功的關鍵之鑰——充分利用人生中的每分每秒，進而實現心目中的「美好生活」。